燕园科技学术文库

林业供应链协同发展的机理与模式研究

张浩 张智光 著

北京大学出版社
PEKING UNIVERSITY PRESS

内容简介

本书将林业供应链看成是由林业产业和林业生态两大子系统组成的复合大系统，从系统的角度研究我国林业产业和林业生态协同发展的机理与模式。本书在查阅大量文献资料的基础上首先对相关的研究进行了综述，为后续研究指明方向，然后对林业供应链协同发展的基础理论和系统结构进行了梳理，研究了林业供应链协同发展中流的协同机理，并分析了宏观层面上的供应链结构，由于林业供应链的协同发展最终要靠节点间的合作才能实现，所以本书分别研究了供应链中节点协同的动力机理和博弈机理，并专门针对林农的合作问题进行了分析。在此基础上，对如何实现协同发展的运作模式进行了研究，并分别从流和节点的视角给出了评价模型。最后结合华泰集团林业供应链发展的实践，以林浆纸一体化项目为例进行了实证研究。

本书适合林业经济管理、供应链管理及系统工程的研究人员阅读，可为林业管理部门和林区地方政府的决策部门提供参考，由于本书也涉及对供应链的研究，所以同样可以为企业管理人员所参考。

图书在版编目(CIP)数据

林业供应链协同发展的机理与模式研究/张浩，张智光著．—北京：北京大学出版社，2011.6

(燕园科技学术文库)

ISBN 978-7-301-09942-1

Ⅰ.①林…　Ⅱ.①张…②张…　Ⅲ.①林业—供应链—研究—中国　Ⅳ.①F326.22

中国版本图书馆CIP数据核字(2011)第122795号

书　　名：林业供应链协同发展的机理与模式研究

著作责任者：张　浩　张智光　著

责任编辑：刘　丽

标准书号：ISBN 978-7-301-09942-1/U·0056

出 版 者：北京大学出版社

地　　址：北京市海淀区成府路205号 100871

网　　址：http://www.pup.cn　http://www.pup6.com

电　　话：邮购部62752015　发行部62750672　编辑部62750667　出版部62754962

电子邮箱：pup_6@163.com

印 刷 者：三河市富华印装厂

发 行 者：北京大学出版社

经 销 者：新华书店

650毫米×980毫米　16开本　13.25印张　200千字

2011年6月第1版　2011年6月第1次印刷

定　　价：40.00元

前　　言

我国经济发展的过程中消耗了大量的森林资源，目前我国森林资源总量不足，在“发展与代价”之间面临两难困境。近年来全球气候变暖，灾害性气候频发，森林生态状况不容乐观，因此如何实现林业供应链协同发展是迫切需要研究的现实问题。简单地说，就是要在发展林业产业的同时，更要反哺并促进森林生态的建设，实现“生态建设产业化、产业发展生态化”，进而产生 1 +1 >2 的协同效应。

林业供应链管理是始于森林活立木的一个持续过程，经种植、采伐、分拣、各环节运输、形成中间产品、形成最终产品(如纸浆、纸张)直到最终用户的整个运作过程，要实现林业供应链的协同发展并非易事，需要深入研究其协同的机理和发展模式，并更应从系统的角度来研究。因此，本书将林业供应链看成是由林业产业和林业生态两大子系统组成的复合大系统，并分 7 章展开研究，具体包括以下研究内容和主要成果。

由于本书相关的研究涉及供应链管理、协同供应链、林业供应链等范畴，因此在研究展开以前首先对相关领域进行了文献的评述。第 1 章对于供应链管理的研究内容、研究方法和研究趋势进行了总结，梳理了协同供应链研究的内容、进展和趋势，通过对林业供应链相关研究文献的分析，认为林业供应链协同发展是重要的研究趋势，这也是本书的主要研究内容。

由于本研究的学科跨度较大，所以在研究正式展开以前有必要对林业供应链协同发展进行理论基础的介绍和分析。因此第 2 章首先引入协同论，并在此基础上分别对林业产业子系统和林业生态子系统的协同和演化的规律进行了分析，然后给出了林业供应链复合大系统的构成、分类、系统边界和系统结构，为进一步研究打下基础。

既然将林业供应链看成一个复合大系统，就应该从大系统的角度来分析问题，从宏观的角度看自然界任何一个大系统的协同应是物质流、能量流和信息流的协同，林业供应链也不例外，所以第 3 章首先介绍了流的结构和基本特征，然后分别从物质流、能量流和信息流的角度对林业供应链进行分析，分析的过程中按林业产业子系统、林业生态子系统和林业供应链大系统的思路进行展开。由于林业供应链系统的特殊性，更需要更多地对物质流和能量流分析，所以这里对流的分类不同于普通供应链管理的研究（物流、资金流和信息流），并且本研究认为信息流的协同是实现大系统协同的关键。

供应链的协同发展需要各个节点的协同合作才能实现，而这种协同行为需要动力，所以要研究林业供应链协同发展的机理必须分析其动力机理。第 4 章对于林业供应链中节点关系的实质和协同动力的来源进行了分析，并进一步地研究了这种动力对于林业供应链协同发展的过程中是如何起作用的，是如何影响系统演化的稳定性和发展方向的。

由于在实际的协同合作过程中必然产生许多博弈行为，所以只研究动力机理是不够的，还要研究其博弈机理。所以本书第 5 章以订单林为例首先研究了林业供应链中的静态合作博弈问题，进而放松人的理性假设研究了动态博弈问题，并以供应链中的信息化问题为例将研究拓展到动态多目标博弈中。由于林农合作是林业供应链协同发展的特有问题，所以本书专门对此进行了分析，并认为林农是有一定理性的，其合作行为是合作愿望与合作能力的统一，而且这种合作很难自发产生，需要外力（如政府或公司）的推动与支持。但如果政府或公司介入，其理性程度和广大林农群体是不同的，因此建立了一种理性程度不同情况下一对多的二阶段博弈模型，并且模型很好地揭示了现实中林农可能合作但难度较大的原因，特别是解释了许多“欺骗”与“合谋”的现象。

在以上研究的基础上，第 6 章分别从流和节点的角度研究了林业供应链协同发展的运作模式和评价方法。研究认为基于流的运作模式偏重于宏观供应链结构，可以用势协同度模型来评价，而基于节点的运作模式偏重于微观企业间的实现方式，由于我们主要研究林业供应链问题，所以本书给出了林产品生产企业与营林企业或组织之间的协同运作模式，相应的评价模型以序参量的分析为主。

理论研究是来源于实践并指导实践的，因此第 7 章以华泰林业供应链的发展为例进行了实证研究。通过对华泰 2007 年情况的分析，设计了华泰林浆纸一体化的发展和运作模式，经过了两年的运行和改进后取得了许多可喜的发展成果，这对于其他林业产业的发展具有借鉴和参考价值。

本书研究过程不仅得到“十一五”国家科技支撑计划(2006BAD32B08)和国家自然科学基金项目(70873059)的资助，而且得到南京林业大学经济管理学院学科建设经费的资助。在本书的研究和撰写过程中，得到了以上项目团队成员的帮助，我和他们进行了许多有益的探讨和交流，在此表示由衷的感谢！同时感谢其他在此期间支持和帮助过我的老师和同学。

书中内容和观点难免有疏漏和不妥之处，恳请广大读者斧正。

张　浩

2011 年 3 月于南京

目　　录

第1章 国内外的相关研究综述

供应链管理(supply chain management，SCM)被学术界誉为战略决定性因素(Connor，1993)，同时也被企业界看做是客户创造价值的有效途径。目前供应链管理的研究越来越多，也有学者对该领域进行了有条理的综合性叙述，大多学者进行的是有关供应链设计和管理的文献综述工作，但近年来随着供应链管理文献的增多，有必要对目前供应链管理领域的最新研究工作成果进行再次详细的审读。目的在于试图对供应链管理发展趋势进行条分缕析，并归纳出供应链管理新的研究方向，特别是对协同供应链和林业供应链协同发展的研究领域进行分析。

1.1 关于供应链的研究

1.1.1 供应链的研究现状

1. 主要研究方法和内容概要

对于不同的研究对象，许多学者采用了不同的研究方法，这里把主要的研究方法归为6类：运筹与最优化方法、概率论、控制论、博弈论、“嵌入式”建模方法、仿真建模方法。此外，还有其他方法，如财务管理的有关方法、德尔菲法、层次分析法、平衡计分卡法、变分不等式等，这些方法可以独立运用，但更多的是与上述6类方法综合运用。其中运筹与最优化方法以及概率论方法被认为是供应链管理的标准方法，近年来，控制论和博弈论的应用也越来越多，如将控制论应用于供应链库存模型，将博弈论应用于供应链协调模型等，并且常与数学规划和优化方法结合使用。

其中，“嵌入式”建模方法在各种建模方法中的运用呈现出上升趋势，体现了系统思想，把复杂系统分解为多个相互关联的子系统，研究其“输入—输出”的关系，然后把此模型嵌入到原复杂系统中去。具体来说，主要包括模糊建模方法、神经网络建模方法、统计建模方法以及这些方法与各种算法相结合的方法等，这些算法有遗传算法、粒子群算法、模拟退火、蚁群算法等。因为“嵌入式”建模方法既可以与仿真方法结合，又可以描述优化中的某些具体问题，这无疑给供应链管理的研究带来了新的思路。

此外，仿真建模主要用于供应链复杂程度较高、规模上用数学方法无法解决的情况下，并且通常用于解决某个具体问题。主要分为确定性仿真和蒙特卡罗仿真，确定性仿真又以系统动力学比较常见，蒙特卡罗仿真主要用于分析供应链上的不确定性问题。此外离散事件仿真的应用也较多，主要用于事件驱动型、系统跳跃变化、系统迁移是在离散点上进行等情况。从实现方法看通常可分为：集中式仿真、多代理仿真、分布式仿真、高层体系结构(high level architecture，HLA)仿真等。

以上是关于供应链管理的主要研究方法，对于协同供应链管理以及林业供应链管理而言，研究方法同样适用，下文不作专门介绍，但不同之处将被提及。

关于供应链研究的内容，主要集中在以下几类问题上：供应链的库存管理；供应链的信息流及价值问题；供应链的协调、运作与契约；供应链的网络设计；供应链绩效评价；供应链风险管理等。并且，有学者从不同的视角专门对供应链的成本问题、敏捷性问题、可靠性问题作了研究，其研究内容与上述分类中有交叉。此外，对于物流问题有学者对此展开专门的研究，也有学者将其作为供应链的不可缺少的环节来处理，这取决于研究对象系统边界的界定。下面分别对近期各类问题涉及的内外部环境(考虑因素)、研究方向、具体研究内容和动态进行梳理。

2. 供应链的库存管理

库存管理是一直受到企业界和学术界重视的问题，理论研究总是源于管理实践并指导实践的，而实践中的库存问题几乎令所有企业头痛。有学者认为：库存管理问题已成为现代企业的两大“死点”之一(另一死点是应收账款，本质上仍是库存问题)(程晓华，2007)，并且这一问题的解决更应从供应链的角度进行，特别是供应链中的“牛鞭效应”，这引发了很多学者的研究兴趣。

库存管理问题包括许多类型，不同的类型考虑的因素不同，这通常与系统的内外部环境有关，这些因素通常包括以下几个方面。①需求类型：

需求有无价格弹性、需求是库存水平的函数、需求是时间的函数、需求分布是否已知、需求函数有无随机变量；②产品类型：单产品还是多产品、多产品间有无联系、产品是否易变质；③提前期：提前期为零或常量、提前期中有无随机变量、提前期是某其他变量的函数；④成本结构：生产成本、采购成本、库存成本、订货成本、缺货成本、其他成本；⑤库存策略：连续检查库存、周期性检查库存、单周期问题、多周期问题；⑥目标函数：利润最大、成本最小、多目标问题等。

出于不同的考虑，库存管理研究的内容是不同的。表1-1归纳了库存管理研究的各种类型和主要内容，表中英文缩写含义为：物料需求计划(material rcquirement planning，MRP)；供应商管理库存(vendor managed inventory，VMI)；联合库存管理(jointly managed inventory，JMI)；协同规划、预测与补给(collaborative planning forecasting and replenishment，CPFR)。

表1-1 供应链库存管理的研究类型

问题分类	研究方向	具体研究内容	近期研究成果的主要文献
供应链的库存管理	复杂需求问题	易变质产品需求下的库存管理	Iijima，1996；黄河，2007
		随机需求下的库存管理	Eynan，2007；席元凯，2009
		模糊需求下的库存管理	Xu，2008；高峻峻，2007
		不平稳需求下的库存管理	Warburton，2007；张文静，2007
	复杂目标问题	用多智能体方法处理	Brintrup，2010；倪跃，2007
		实现目标利润或成本的概率最大	Ilias，2010；周建频，2009
		多目标库存综合建模	Xu，2008；金汉信，2009
	需求相关性问题	独立需求问题	Fleischmann，2003；曹庆奎，2007
		需求的相关性问题(许多问题可用MRP解决)	Botta，2005；梁樑，2007

续表

问题分类	研究方向	具体研究内容	近期研究成果的主要文献
供应链的库存管理	多产品问题	多产品联合补货	Chew，2009；蒋敏，2007
		可替代的多产品库存	Gürler，2010；蔡连侨，2003
	多周期问题	订货周期的确定	Ouyang，2009；奚飞，2009
		订货周期随机的情况的综合研究	Hsu，2007；李柏勋，2007
		考虑产品生命周期的研究	Josa，2007；徐贤浩，2009
		牛鞭效应的成因	Sucky ，2009；封云，2009
	牛鞭效应问题	牛鞭效应的定量化研究	Wright，2008；郑国华，2007
		供应的不确定性研究（常见的是随机提前期）	Borgonovo，2007；徐春迎，2005
库存与其他问题的联合决策	供应—库存决策	供应商管理库存（VMI）	Hemmelmayr，2010；刘鹏飞，2008
		其他供应链库存管理方法（JMI、多级库存、CPFR 等）	You，2009；黎继子，2009
		最佳供应商选择（包括数量）	Wu，2008；姚建明，2005
		生产量决策	Stromman，2009；彭怡，2006
	生产—库存决策	生产库存决策	Disney，2004；王志强，2005
		生产方式决策（含产品复杂性）	Closs，2010；文风，2007
		分销系统的总成本问题（含库存自适应）	Monthatipkul，2008；周建频，2005
	分销—库存决策	多阶段分销系统问题（含网络设计）	Miranda，2009；胡朝晖，2006
		集中与分散方式库存控制	Pujari，2008；周小明，2009
		库存—运输系统总成本问题	Brian，2008；聂兰顺，2007
	库存—运输决策	复杂运输环境的库存决策	Van，1994；唐加福，2007
		运价折扣问题（含价格折扣）	Abraham，2008；张茹秀，2005

3. 供应链的信息流及其价值

该领域的研究认为信息应及时有效地传递并正确理解，研究主要集中在运用信息流控制库存、合并信息流、留言簿流的质量对供应链绩效的影响及相应的定量化研究等，并且分销系统中的有关环节特别是零售商的信息问题对供应链的绩效影响更为显著，因此这方面的研究更多一些。

需要说明的是，牛鞭效应问题通常可以归为库存问题加以考虑，因为库存的增加或波动是其直接表现，库存控制的有关理论和方法有助于这一问题的解决，但是从供应链的角度来看，信息的共享、及时、准确、有效是解决这一问题的根本出路，因此这也可以看成是信息流的价值问题。

同样，不同的研究内容考虑的因素和运用的方法也不尽相同，具体来说需考虑以下因素有。①需求类型：需求的价格弹性、需求的季节性、需求分布已知的情况、需求分布未知的情况；②生产能力：生产能力无限、生产能力有限（又可分为是否可表示为某些因素的函数）；③各方成本：生产成本、订货成本、库存成本、缺货成本、其他成本；④库存策略：考虑对方订货策略、订货提前期、服务水平等。具体的研究内容见表1－2。

表1－2 供应链信息流及其价值的研究类型

问题分类	研究方向	具体研究内容	近期研究成果的主要文献
需求预测信息	纯需求预测（不考虑对供应链的影响）	已知需求分布但参数未知	Weatherford，2003；张浩，2009
		促销或高季节性强的需求预测	Chen，2007；刘玲丽，2007
		高精度需求预测方法	Ferbar，2009；彭志忠，2007
	供应链需求预测（考虑对供应链的影响）	需求预测对库存的决策影响	Syntetos，2009；曹庆奎，2007
		不同预测方法对供应链绩效影响	Thonemann，2002；王建华，2007
		基于需求预测的供应链建模	Gunasekaran，2009；林琳，2006

续表

问题分类	研究方向	具体研究内容	近期研究成果的主要文献
信息流的价值	信息及时性和准确性的价值	及时、准确的需求信息所带来的价值	Ryu，2009；王晶，2007a
		信息量带来的价值	Ketzenberg，2009；王晶，2007b
		充分利用信息提高预测精度的价值	Aburto，2007；彭志忠，2007
	信息共享的价值	需求及预测信息的共享价值	Ryu，2009；黄宝凤，2006
		成本等其他信息的共享价值	Yao，2008；申悦，2005
		信任对信息共享价值的影响	Shaohan Cai，2009；叶飞，2009
		信息共享价值的定量研究	Olvera，2008；经怀明，2005
供应链中的信息技术（以应用为主）	信息系统的设计、开发	联合库存管理（JMI）的系统开发	这里主要是各种软硬件的开发和应用，通常以产品或企业应用的形式体现
		CPFR 系统开发	
		供应链计划系统	
		智能商业及调度系统	
		客户关系管理系统（含产品管理）	
	电子供应链	电子采购	
		电子分销	
		电子协同供应链	
		其他电子服务应用	

4．供应链的协调、运作与契约

供应链中如何协调和运作是理论界和企业界共同关心的重要问题，并且契约是重要的实现手段，许多学者在这方面展开了研究。在大量的研究文献中关于买卖双方的研究成果最多，并且要考虑的因素有很多，如需求类型；信息对称与否；买卖方的数量；激励方法（折扣、奖金、奖惩结合等）；卖方成本结构（奖金、订货成本、生产准备成本、库存成本等）；买方成本（惩罚成本、奖金、采购成本、订货成本、缺货成本、库存成本等)。在建模方法上主要有：数学规划、博弈论、嵌入式建模等，并且高级博弈论及与其他方法相结合的应用较多，特别是研究节点的合作问题。

从研究的侧重点来看，主要可分为定价策略、物流协调和信息流协调。从研究层面看，主要可分为战略层面、战术和运作层面。从涉及内容看主要包括3方面：①契约条款的参数确定，收益如何分配，如何相互制约等；②契约条款对供应链的绩效影响，以及如何提高系统运作绩效；③需求模式和信息对契约条款的影响。此外，关于信息流及其价值的研究前面已述，而具体实施的机制和保障等问题仍归为协调和契约问题。具体的研究内容和趋势见表1-3，表中英文缩写含义为：无线射频识别技术(radio frequency identification，RFID)、全球定位系统(global positioning system，GPS)、地理信息系统(geographical information system，GIS)、遥感技术(remote sensing，RS)。此外，关于风险控制管理中也涉及契约问题，本书将其归入风险问题进行介绍。

表1-3 供应链协调、运作与契约的研究类型

问题分类	研究方向	具体研究内容	近期研究成果的主要文献
定价问题(以定价与库存联合决策问题更为常见)	定价与数量折扣	不同需求模式的动态定价	Ouyang，2009；杜义飞，2005
		供应链定价协调问题	Lee，2007；滕春贤，2007
		复杂报童问题	Grubbström，2010；胡劲松，2008
		信息不对称或不确定性的折扣问题	Tang，2007；周永务，2006
		易逝品数量折扣问题	Chen，2007；黄河，2007
		返还策略、退税	Arcelus，2008；林略，2007
	其他定价等契约问题	考虑订货时间或其他不确定性的契约问题	Kim，2003；宋华明，2005
		准时运输(优化)契约问题	Rodríguez，2009；罗玉霞，2007
		契约的进化、柔性化问题	Coltman，2009；Fotopoulos，2008
		契约的博弈问题	Leng，2009；唐亮，2009
		契约的激励问题	Wang，2009；黄俊诚，2006

续表

问题分类	研究方向	具体研究内容	近期研究成果的主要文献
物流协调问题	物流策略（本质上仍是成本与效益等多目标问题）	自营物流	Lai，2002；宋迎春，2004
		第三方物流协调	Wang，2010；沈艳华，2006
		第四方物流协调	Chen，2010；谭春平，2009
		逆向物流	Lee，2009；吴凯，2007
	其他物流问题（这里涉及内容太多，只作纲要性介绍）	物流方式选择（含多式联运）、物流选址、路径选择、车辆配载与调度问题（含其他配送问题）、国际物流、物流设施与设备及其选择、物流信息技术（含条码、RFID、GPS、GIS、RS等）、物流中心规划、仓储管理、商品养护、包装与流通加工等	Wang，2009；王雪峰，2008；殷春武，2008；Bekhor，2009；龚峻峰，2009
信息流协调问题（信息共享的激励）	信息共享的契约问题	不同角色为主导的成员间信息共享激励问题	Lee，2009；陈国庆，2007
		风险信息共享契约及规范问题	Xiao，2009；董绍辉，2009
		预测信息（含库存信息）共享契约设计问题	Yue，2006；陈长彬，2009
	信息不对称的契约问题	信息不对称契约的设计	Gan，2009；张钦红，2007
		信息不对称下私有信息共享问题	Walker，2008；谢翠华，2009

5. 供应链的绩效评价

以往，国外学者对于供应链绩效评价的研究更多在于方法和指标的实证分析，很少探讨供应链绩效评价的概念，20世纪90年代对于这一问题的讨论开始比较热烈，认为供应链绩效评价是关于供应链中制造战略、需求变化、时间性和合作机制的评价问题（Maskell，1991）。也有人将供应链绩效评价看成为系统评价方法，认为应重视总体供应链的绩效，要求提供能总体透视的衡量方法（Bowersox，1998），这种透视必须是可以比较的，要求既能适用于机构的功能部门，又能适用于行政渠道。进入21世纪后仍有人不断讨论这一问题，并进一步提出对供应链绩效的评价主要集中于需求信息共享程度的评价(Thonemann，2002)。

相比较而言，近年来国内学者对供应链绩效评价内涵的研究比较滞后，目前国内学者公认的供应链绩效评价定义如下：所谓供应链绩效评价是指围绕供应链的目标，对供应链整体各环节(尤其是核心企业)运营状况，以及各环节之间的运营关系等所进行的事前、事中和事后的分析评价(马丽娟等，2005)。

目前，有关供应链绩效评价的学术研究较为活跃，当前的研究主要从4个不同维度展开：①从研究方法角度可以分为理论研究和实证研究；②从手段角度主要包括供应链绩效评价指标设计和供应链绩效评价方法；③从供应链的类型角度可以分为敏捷供应链、集成供应链、基于产品的供应链、基于电子商务的供应链、绿色供应链等；④从绩效评价的具体内容可以将供应链的绩效评价分为财务评价、供应链成员综合评价、服务评价等方面。具体的研究内容及趋势见表1-4。

总体来说，大多数学者提出的评价指标只是理论框架层次上的，对可操作性强的指标及其算法研究还十分有限，因此定性和定量相结合的方法是未来的主要研究方向。当然评价技术还有许多其他理论和方法，比如粗糙集、灰色关联度、突变理论等，这将在后面进行介绍。此外，评价技术也可以直接用于决策。

表1-4 供应链绩效评价的研究类型

问题分类	研究方向	具体研究内容	近期研究成果的主要文献
供应链绩效评价指标	定量指标的研究	以成本或业绩指标为主(成本、销售量、利润、库存投资率和投资回报率等)	Bhagwat，2007；胡晓燕，2003
		以顾客响应指标为主(满足率、产品交货延迟率、顾客响应时间、订货周期)	Angerhofer，2006；顾小林，2009
		柔性测度，主要包括范围柔性和响应柔性	Hull，2005；孟军，2007
	定性指标的研究	对指标体系及具体指标的定性描述	Gunasekaran，2004；袁原，2010

续表

问题分类	研究方向	具体研究内容	近期研究成果的主要文献
供应链绩效评价指标体系	基于供应链运作参考模型的评价体系	“自底向上”的绩效评价体系	Bullinger，2002；何忠伟，2003
		动态绩效评价体系	Persson，2009；徐麟文，2004
		从供应链的可靠性、响应能力、灵活性、成本及资产等方面分别展开的研究及优化	Xiao，2009；高萍，2004
	基于供应链平衡记分卡的评价体系	从财务角度、顾客角度、内部过程角度、学习和创新角度建立评价体系	Bhagwat，2007；喻伟，2007
		战略联盟评价体系（含财务收益与非财务收益的平衡）	Schnetzler，2007；杨柏，2007
	其他体系	ROF 体系（资源测度，Resources Measures；输出测度，Output Measures；柔性测度，Flexibility Measures）	Beamon，1999；张华伦，2006
		敏捷供应链的评价体系	Jain，2008；綦方中，2006
		供应链的协同评价体系	Sarana，2006；张翠华，2006
		基于流程的评价体系	Comelli，2008；霍佳震，2005
		在电子商务环境下供应链绩效评价体系	Devaraj，2007；邵兵家，2006
供应链绩效评价方法	层次分析法	对供应链系统的综合绩效评价	Rabelo，2007；姜方桃，2006
		根据绩效评价进行销售商的选择、物流系统的设施（如工厂、仓库等）位置决策、供应商的选择等	Sharma，2009；朱雪珍，2007
	模糊决策评价法	模糊分析法	Jain，2008；张成考，2007
		模糊层次分析法	Chamodrakas，2010；汤世强，2007
	数据包络法	数据包络法评价	Xu，2009；杨玮龙，2006
		层次分析法与数据包络法结合	Korpela，2007；娄平，2002
		数据包络法与其他方法结合	Wu，2009；喻伟，2007
	仿真方法	供应链绩效评价仿真模型的研究	Parrod，2007；张翠华，2006

6. 供应链的风险管理(可靠性)

许多突发事件，如“9·11”恐怖袭击、2003年的伊拉克战争(石油价格大幅上涨)、“非典”危机等会造成供应链的重大损失。此外还有一些事件，它们在供应链中只是引起了一些小摩擦，可能由于缺乏戏剧性而很少被注意到。例如，网络和电子数据交换(electronic data interchange，EDI)的连接失败可能引起企业获取原料、部件和生产时间的延迟，或者关税表格的错误填制等。因为这些事件很频繁，供应链的计划者倾向于将其内在化为“经营企业的成本”(Stauffer，2003)。事实上，企业可以以很小的代价轻松地降低这些事件发生的频率和严重性，但如果忽视，将引起不同程度甚至难以估量的损失。

上述的种种事件说明供应链的脆弱性能对供应链的绩效产生巨大的负面作用，因此如何度量、转移、管理供应链的风险，成为供应链研究的一个重要领域，受到众多SCM研究者和实践者的关注。有关供应链的风险管理(supply chain risk management，SCRM)的纯理论研究相对比较少，主要集中在将风险管理的理论和技术拓展到SCRM中。典型的风险管理包括风险识别、风险评估、风险决策和管理行动实施、风险监控4个基本阶段，因此有关SCRM的研究也就主要集中在这几个方面。

表1-5将近期国内外供应链管理研究从风险识别、风险评估和风险管理过程的研究成果进行了梳理，此外关于风险决策问题通常可以视为决策科学的研究内容(张智光，2006a)，这里不再列出。经过对有关文献的梳理后，可以认为未来的研究方向应包括：不同供应链网络模式下SCRM研究；复杂的供应链网络中企业之间协作的风险；风险和报酬的分摊研究；风险管理的信息和知识系统的开发；风险管理的定量研究。

表 1-5 供应链风险管理的研究类型

问题分类	研究方向	具体研究内容	近期研究成果的主要文献
供应链风险识别	以企业为主的供应链的风险识别	供应链的风险因素及来源研究	Tang，2006；周艳菊，2006
		财务风险的识别	Laínez，2009；叶谋田，2006
		大型集团的系统识别	Wu，2006；耿殿明，2009
		风险识别的量化研究	Wu，2008；赖茇宇，2007
	以供应商网络为主的风险识别	动荡或不确定环境的网络风险	Trkman，2009；薛伟霞，2006
		随机情况下的网络风险研究	Goh，2007；张钟文，2009
		复杂网络的风险研究	Kull，2008；尹建华，2009
		电子商务环境下的供应链网络风险	Nagurney，2005；冯仁德，2006
风险评估	风险暴露的程度	平衡敏捷性和脆弱性的关系	Prater，2001；Stephan M，2009
		各种风险度量的方法	Schoenherr，2008；刘俊娥，2007
	风险结果等级、概率及影响	根据影响的程度确定风险等级	Hallikas，2004；梁海鹏，2007
		不同风险出现的概率及影响	Bogataj，2007；江孝感，2007
风险管理过程	风险控制	通过供应链优化设计控制	You，2009；赵道致，2007
		基于离散事件或事例推理的控制	Mele，2003；李泽彪，2006
		复杂的动态环境下的控制	Drzymalski，2008；尹秋菊，2006
		风险共担	Alan，2009；肖怀云，2006
		风险转移	Xiao，2008；佟斌，2006
		有反馈机制的生产优化	Chan，2008；丁斌，2005
		潜在收益、潜在风险的分析与反馈	Michael，2009；于金伟，2007

此外，还有许多有关供应链管理的研究，如地址选择问题、配送网络设计问题、成本管理问题、问题诊断技术等，这里不详细展开。需要说明的是，对于供应链物流问题也有许多学者进行专门的研究，并认为第四方

物流是发展的趋势，但从问题本质来看这可以归为供应链的整合、协调与运作问题。

1.1.2 供应链的研究趋势

前面主要介绍了供应链的研究现状和动态，下面对供应链的管理实践和理论研究中可能出现的发展趋势进行梳理。总体来说研究方法趋势是综合多学科知识，运用各种算法(蚁群算法、粒子群算法、遗传算法、退火算法、神经网络、灰色关联度等)，利用计算机技术，建模计算从而进行模拟或定量研究。下面讨论研究内容方面的趋势。

1. 供应链的全球化与协同化

经济全球化的浪潮使得国际市场竞争日益激烈，企业面临着更为严峻的生存和发展问题。以往那种企业与企业之间单打独斗的竞争模式已不复存在，取而代之的是以协同商务、协同竞争和双赢的原则进行运作的模式，由消费者、供应商、研发中心、制造商、经销商和服务商等，各合作伙伴组成的供应链与供应链之间的竞争，或者是一个跨国集团和一个跨国集团之间的竞争。为了适应这种趋势，供应链管理愈来愈向全球化方向发展。全球供应链管理的形成，将使得物流、信息流和资金流变得更加畅通。因此它不仅将增大整个供应链的总体效益，还能使单个企业借助庞大供应链的整合优势，在竞争中更主动、更有发言权。

管理实践中，这种趋势越来越明显，并且为了减少或缩短供应链的环节(特别是物流)、提高效率、降低成本，供应链的成员越来越集中于某主导企业的附近，最常见的做法是其他国家地区的供应商在主导企业附近设立办事处、分厂或库房。

对于科研工作者而言，对供应链中各种问题的研究(前面所提到的库存、信息、协作、风险、评价等)则更应放眼全球。但从研究成果来看，定性的研究较多，定量的研究比较少见，从战略上的研究较多，战术上的研究较少，研究内容相对集中于全球采购、国际融资、信息化等方面，基本上体现了物流、信息流、资金流的全球化整合的思想，近期对于金融危机下的全球供应链问题研究呈现上升趋势。此外，也有一些企业实际运作的介绍和报导，如因特网在融入全球化供应链体系进程中的案例等，相信基于全球供应链的虚拟企业的模式，将对我国大型和特大型国有企业运作机制进行改革和管理体系的重组有所帮助并发挥重要作用。

2. 供应链的柔性化与集成化

现代企业的产品更新换代更快，多品种、少批量生产或供应的要求越来越高，激烈的竞争不但对单个企业提出了柔性化的要求，而且也对整体供应链提出更高的柔性化要求，这无疑是管理实践和理论研究的发展方向。

从管理实践来看，电子行业、汽车行业、家用电器等产品的更新换代速度越来越快，从市场调研、产品研发、工艺设计、原料采购、组织生产、上市销售到售后服务的整个周期缩短，这对整体供应链的柔性是一个挑战，而这一问题的重要表现形式仍是库存管理问题，这一问题在制造业特别是服装行业中显得非常突出。从解决办法来看，信息共享和协同管理仍是问题的本质所在，除了生产系统乃至整体供应链的柔性设计以外，契约(特别是采购契约)的柔性化更具有现实意义，也是目前重要的研究方向。

为了符合柔性化的要求，供应链节点之间的关系必须是协同的，这将在后续章节中分析，此外集成也是一种处理方法，这里的集成主要指组织的集成，通常可以通过产品的集成来推动。

3. 供应链的信息化与智能化

现在已经进入网络时代，电子商务改变了供应链上从原材料采购、产品制造、分销到交付给最终用户的全过程，改变了供应链上信息流、物流、资金流、人力资源流和商务流的运作模式。基于电子商务的供应链管理，是一种高水平的电子商务应用。由此可以引发供应链管理的变革，要求现代企业运用供应链管理思想，整合企业上下游的产业，以中心制造厂商为核心，将产业上游供应商、产业下游经销商(客户)、物流运输商及服务商、零售商和往来银行进行垂直一体化的整合，构成一个电子商务供应链网络，消除整个供应链网络上不必要的运作和消耗。这样可以促进供应链向动态的、虚拟的、全球网络化的方向发展。更重要的是，可以提高整体供应链对市场和最终顾客需求的响应速度，在整个供应链网络的每一个过程中实现最合理的增值，从而提高企业的市场竞争力。可以说，电子商务和供应链的融合是必然的趋势。

从研究的角度来看，主要侧重于对供应链运作模式和技术实现的研究，除了定性的研究外，这方面主要分为两个流派：①运用“嵌入式建模”的方法或仿真建模的方法研究供应链模式问题；②电子商务的技术实现，包括软件和硬件两方面，特别是无线通信技术的发展无疑增加了无线电子商务的研究和运用空间。此外，研究的内容也更加和实际相结合，如对于“阿宝联盟”的探讨，涉及“阿里巴巴”和“淘宝网”如果联盟的运作问题和可能产生的后果，因为这将彻底打通供应商、制造商、经销商、最终消费者(也包括银行和物流等)的供应链网络通道。

另一个明显的研究趋势是，加强了利用网络和计算机进行人工智能的研究，也就是说，未来的计算(网络计算)和整体供应链的智能化水平将大大提高，决策支持系统(decision support system，DSS)将是一个重要的研究方向，这对于数据挖掘的技术，以及学习机制、模型的建立和实现提出了更高的要求。当然，与此对应的网络安全问题将更加突出，这必将引发一系列的研究与运用。

4. 供应链的绿色化与多元化

随着人们环保意识的增强及自然资源的逐渐枯竭，如何合理利用资源并实现可持续发展、如何培养忠诚的顾客、如何增加供应链的经济效益和社会效益，是每个企业面临的战略选择。绿色供应链是绿色制造和供应链的学科交叉，是实现可持续制造和绿色制造的重要手段。许多研究者认识到只有将环境改善活动集成到企业战略计划和日常运营中，才能真正解决二者之间的冲突(Sarkis，2003)。绿色供应链正是这种思想的产物，它是传统供应链和传统环境管理的有机结合和有效拓展，其目的是使整个供应链对环境的负面影响最小，资源效率最高。

近年来，国外越来越多的学者已经开始从事这个日趋热门课题的研究。美国的一些国家重点试验室和国家标准技术研究所，以及麻省理工学院、加州大学等著名高校，均开展了这方面的研究，其学科前沿性不容忽视。

但是要实现供应链的绿色化，仅仅依靠供应链节点间的努力是不够的，应能得到全方位的支撑和全社会的配合，如本书研究的林业供应链就与营林是分不开的，供应链的发展应是多元化的。

1.2 关于协同供应链的研究

20 世纪 90 年代以来，由于科学技术不断进步和经济的不断发展、全球化信息网络和全球化市场形成及技术变革的加速，围绕新产品的市场竞争日趋激烈。技术进步和需求多样化使得产品寿命周期不断地缩短，产品品种数飞速膨胀，客户对产品质量和服务质量的要求越来越高。市场变化的不确定性在增加，企业面临巨大的压力，业务外包和企业间的合作越来越广泛，供应链战略也经受着巨大的变革。企业认识到供应链管理已不仅仅是为了降低成本，更重要的是提高顾客满意度。实现这一目标的关键是供应链的协同，只有协同才能提高供应链的整体竞争力，增强对客户定制化需求的快速反应。1999 年 4 月，全球著名的供应链管理专家 David 和 Lee 发表了题为“协同供应链：新的前沿”的文章。文章中明确指出，新一代的供应链战略就是协同供应链。目前，供应链协同已经成为供应链管理领域研究的热点。目前供应链协同管理思想受到了理论界和企业界广泛的重视，并取得了许多研究成果。

1.2.1 协同供应链的内容

协同供应链是一个名词，其本质是要实现供应链协同管理，实现 1+1>2的协同效应，这主要是指供应链中各节点企业为了提高供应链的整体竞争力而进行的彼此协调和相互努力。各节点企业通过公司协议或联合组织等方式结成一种网络式联合体，在这一协同网络中，供应商、制造商、分销商和客户可动态地共享信息，紧密协作，向着共同的目标发展。

供应链实现协同，要求节点企业基于技术和 Internet 的信息共享和知识创新成果共享；要求各节点企业树立“共赢”意识，为实现同一目标而努力；要求合作伙伴在信任、承诺和弹性协议的基础上进行合作。同时，要求进行协同的节点企业进行供应链的重新整合，改变以前拼凑式的信息系统、EDI 等。即协同供应链应以信息的自由交流、知识创新成果的共享、相互信任、协同决策、无缝连接的生产流程和共同的战略目标为基础。

供应链协同管理就是针对供应链网络内各职能成员间的合作所进行的管理。供应链协同管理与传统的供应链管理相比：①不再孤立地看待各个企业及部门，而是考虑所有相关的内外联系，实现“你中有我，我中有你”，并把整个供应链看成是一个有机的整体；②各节点企业在信息共享的基础上，以提高整体供应链最优为目标，进行相互沟通后协同决策。协同化决策不仅摆脱了各节点企业单纯以自身利益最大化为目标分散地进行决策所造成的供应链整体绩效低下，还克服了传统集成式供应链管理中由单一的决策制定者来制定决策的理想化管理所带来的诸多障碍；③各节点企业的构成框架及其运行规则主要是基于最终客户的需求和整个价值链的增值；④各合作伙伴建立新型的合作关系；即树立“共赢”意识，变敌对关系为紧密合作关系；⑤供应链协同关系的形成不仅可以使企业借助其他企业的核心竞争力来形成、维持甚至强化自己的核心竞争力，同时企业还将帮助自己的供应商和客户最大限度地提升他们的客户满意度，也就是说，协同管理可以使整个供应链创造的价值最大化。由此可见，协同管理思想就是以协同技术为支持，以信息共享为基础，始终从全局观点出发，采取一种“共赢”的原则，使整个供应链中的个体更加亲密、相互信任、同步和团结，来提高整个供应链的柔性和实现整个供应链价值的最优。

一般来说，企业实现供应链协同可分为基础建设、职能集成、内部供应链协同、外部供应链协同4个步骤。其中关键是企业内部供应链和外部供应商及客户的协同，这也是供应链协同管理的精髓所在。企业内部供应链与外部供应商及客户的协同按其层次可划分为战略层协同、策略层协同和技术层协同，其中战略协同处于供应链协同的最高层次，技术层协同主要是通过协同技术的支持实现供应链的同步运作和信息协同。按内容可分为需求预测协同、产品设计协同、计划协同、采购协同、库存协同等形式。

1.2.2　协同供应链的研究进展

供应链协同管理是供应链管理的崭新的和最为现实的模式，已经受到理论界和企业界的广泛重视。目前，供应链协同管理的研究主要涉及战略层协同、策略层协同和协同技术3个方面。

1. 战略层协同

战略层协同以概念模型和协同管理思想为基础，对整个供应链的协同进行定性或定量分析。它研究的问题主要包括对供应链协同管理的关键要素、预期协同价值收益、协同机制等方面的建模分析。

供应链协同管理关键要素和协同价值收益的研究，受到了许多学者的高度重视。在国外全球著名的供应链管理专家 Hau Lee 和 Anderson 在“协同供应链：新的前沿”中，分析了协同供应链应具备的基础条件、面临的诸多挑战和价值收益等问题；马其顿大学副教授 Vicky 等人建立了供应链协同的虚拟电子链，通过对虚拟环境下的供应链协同框架的研究，来对链中协作伙伴的角色进行分级，对构成协同关系的关键能力进行区分，对预期的协同进行评估(Vicky，2004)；Quinn 研究了关于文化方面对供应链协同的影响，分别指出了实现供应链协同各节点企业应该具有的文化理念和阻碍协同实现的特定思想行为因素，着重研究了协同的价值受益(Quinn，2001)。

协同供应链管理可涉及许多行业，比如有人调查分析了英国建筑行业供应链的协同管理，指出建设行业供应链管理存在的问题、实现供应链成员协同面临的阻碍及要考虑的相关要素(George，2000)；有人建立了供应链协同的理论模型，通过对计算机支持的高科技电子供应链的案例研究，证明了在技术支持下供应链各节点企业的联合努力、信任和透明度是实现供应链协同的关键要素，指出合作伙伴努力建立信任、实现可视化的过程就是供应链协同成功的过程(Akkermans，2004)；有人研究了电子商务对供应链协同管理的支持协同供应链管理(McIvor，2003)。当然，协同供应链管理也可具体到某一公司，比如 Gartner 公司建立了供应链协同矩阵，并指出了进行供应链协同需要考虑的关键要素(Petrson，2001)。

近年来人们加强了对供应链协同管理关键要素和协同价值收益的分析研究，这为供应链如何实现协同提供了思路和方向，为协同管理的进一步研究奠定了基础。全球著名咨询公司 ARC 提出了协同制造管理战略，建立了协同制造管理模型，针对制造企业研究了企业如何以现有投资为基础，以业务流程管理为中心，发挥技术的杠杆作用来实现制造企业内部和外部的协同。在此基础上，有学者建立了虚拟企业基于承诺的协同管理概念模型，研究了企业间如何通过承诺的建立和维持、任务的合作与协调、活动的相互作用来实现协同(Lin，2004)。对于供应链下游，有人研究生产商和供应商两个节点之间具有不确定 JIT 交货下供应链协同，建立惩罚和奖励两种协同机制，实现了供应链成本在协同企业之间的柔性分配(Kirstin，

2002)。此外也有对于供应链中多个节点协同的研究，比如有人研究了供应链中几个独立阶段，即供应商、工厂、分销中心、顾客的模型，在战略层考虑了供应链节点资源配置和物流的优化(Sabri，2000)。

在国内关于战略层的协同问题也有许多研究成果，比如有人建立了网络企业的战略协同模型，分析了协同制造的业务特征，从协同的角度研究了制造业在全球化制造网络环境中所面临的战略问题和相关的技术问题(于海斌，2004)；针对供应链动态管理的复杂性，建立了基于多代理协同工作模型，对代理间的协调机制进行了深入的研究(董进，2000)；从供应链决策分析、决策支持技术及决策支持方法等方面探讨了供应链协同管理决策的理论和方法，并以生产商和销售商为例研究了双方共同获利的、协同决策的建模方法(徐琪，2003)。同时，他们也提出了基于工作流和软件agent技术的供应链协同管理框架，研究了工作流管理系统及多agent的设计，应用可扩展标记语言(extensible markup language，XML)描述工作流程规范，由软件agent实时地执行和重置具体的工作流任务，从而达到供应链协同管理的目的。

对于本问题的研究也有许多拓展，比如有人分析了敏捷制造意义下供应链管理纵向协同对策的耗散结构与协同机制(徐浩明，2003)。唐晓波等以协同学研究方法研究了供应链系统协同的序参量，以及系统序参量的变化与系统协同状态变化之间的关系，并在此基础上，验证了有利于供应链整体协同的宏观方法。陈建华、马士华提出了由核心层、中间层和外围层构成的供应链整合基本实体协作层次，通过探讨基于信息功能整合、业务过程整合及战略资源整合地反映供应链整合水平的关系类型矩阵，构建了以信任机制为基础、以整合重组机制为手段、以信息反馈机制为前提、以委托代理机制为保证的供应链整合管理团体实现机制。彭鸿广等构建了利用RFID技术推动供应链协同商务管理的系统架构。凌鸿等从组织、环境、技术三大角度，分析了对供应链协同有关键影响的因素，提出了最终的供应链协同影响因素的初步研究框架(张翠华，2005)。

对供应链战略层次的研究说明了供应链协同管理是供应链管理崭新的和最为现实的模式，也只有在战略高度确定了供应链协同管理思想，才能按供应链协同模型进一步改进供应链管理、增强行业竞争能力、最优化解决供应链协同中的各类问题。

2. 策略层协同

策略层协同是供应链协同管理研究的中心问题。主要包括具有直接供需关系的上下游企业间的需求协同策略、产品设计协同策略、库存协同策略、生产协同策略、物流协同策略、采购协同策略等。许多学者给予了高度重视，并取得了一定的研究成果，有关策略主要集中在需求分析、库存策略、生产计划等方面。

对于供应链中需求的研究，有人分析证明了集中需求信息可以抑制“牛鞭效应”，但是不能完全消除(Chen，2000)。并有人应用系统动态仿真方法分别研究了供应链中需求放大作用、能力波动作用和能力与需求交互作用的影响，结果表明较少的订货量、各级同步和能力分析可以作为供应链响应能力的方法(Helo，2000)。对供应链中需求的研究说明了需求协同对提升供应链能力的重要性，需求计划不仅包括预测，还经常被视为销售和运营计划，需求协同过程就是在需求计划过程中企业或企业各部门之间产生一致意见的协调性过程。相应的研究受到了企业的重视，比如 Oracle 公司的 Oracle Demanding Planning 就为协同需求计划和预测(CPFR)提供了一个强健的、基于互联网的框架，它可以支持全部的协同计划流程，“协同计划、预测与补给”就是这种协调性流程的一个例子。

库存系统问题一直以来是供应链管理研究领域的经典性问题。因此，库存协同也是供应链策略层协同的核心问题并首先在实践中开发应用。1995 年，由国际著名的商业零售连锁店 Wal-Mart 等 5 家公司联合研究提出的协同计划、预测与补给(CPFR)是一种协同式的库存管理技术。它在供应链运作的整个过程中，应用一系列的处理和技术模型，对供应链不同客户、不同节点的执行效率进行信息交互式管理和监控，对商品资源、物流资源进行集中的管理和控制，通过共同管理业务过程和共享信息来改善零售商和供应商的伙伴关系，提高预测的准确度，最终达到提高供应链效率、减少库存和提高消费者满意程度的目的，它体现了供应链协同管理的思想，能够实现供应链合作伙伴之间更广泛深入的合作，是面向供应链的有效策略。理论上的研究也有许多成果，比如有人建立了基于库存的评估供应方协同的模型，通过对传统供应链和协同供应链分别建模，利用仿真对分销商实施协同前后的绩效进行评估，计算结果显示供应方协同可以提升整个供应链的绩效(Fu，2004)。我国也有不少研究成果，比如对面向随机需求的两级库存协同控制进行了建模分析(易东波，2003)。

关于生产计划与协调控制的研究也取得了一定的研究成果。20世纪末就有人研究了生产与销售协调整合计划问题，重点考察了协调生产与销售计划对于现实整个企业收益的贡献(Chandra，1994)。而所谓的生产协同是指生产商将车间层与外部系统，以及内部的生产制造过程、业务过程与外部合作伙伴的业务过程有效协同，将生产的敏捷性与业务过程同步进行的能力结合起来，灵活快捷地响应客户的需求。有关研究很快就在实践中加以应用，比如美国著名ARC咨询公司研究了协同生产计划策略，提出了基于车间层的多维协同。在我国也有相应的研究，比如有人研究了分布式多工厂、多分销商的供应链生产计划，并试图通过系统工程方法获得最优生产计划(周金宏，2001)，但在企业的实际应用中却没有达到这个目标。

此外还有许多关于策略层的其他研究成果，比如从产品设计方面分析了随着业务外包和全球化的发展，产品设计的协同可以快速缩短产品设计时程，增强供应链对客户定制化需求的快速反应能力(Johnson，2002)，对协同产品开发中的协商方法进行了研究(曹健，2001)。在物流协同方面通过分析激励机制、跨功能协同、营销与物流部门的有效集成和服务绩效之间的关系研究了企业内部供应链市场营销与物流的跨功能协同(Ellinger，2000)。

总体来说，供应链协同管理策略层的研究是促进供应链协同发展的关键，理论研究基本与企业实际运作相结合，并通过实践应用来不断地完善。

3. 协同技术

协同技术提供了新的连接合作伙伴的方法，同时增加了端到端的透明度，提高了决策的快速性及有效性。它是供应链实现协同的基础和关键，为战略协同和策略协同提供有力的支持。它主要研究的是如何实现供应链的同步运作和信息协同。

供应链的协同运行是建立在各节点企业信息共享的基础之上，协同的优劣取决于信息共享的程度，因此信息与通信技术的发展是供应链能够实现协同的关键。从支持信息协同的网络技术来看，Internet技术的发展，使得跨企业的协同工作平台成为可能。目前，支持协同的平台技术主要有IBM的Lotus Domino平台、微软公司的.Net平台、点击科技的竞开协同之星(GK2Star)等。其中，微软和.NET的核心内容之一是要搭建第三代互联网平台，这一网络平台将解决网站之间的协同合作，从而最大限度地获取信息。.NET框架将具有可扩展的体系结构、跨平台的信息表达和传递、无缝地实现与各种信息终端的集成，以及能从静态信息显示模式转换成丰富的智能化动态交互的特性，它将为创造一种全新的协同工作模式提供基础平台。

另外，支持信息协同的技术还包括企业门户技术、电子数据交换技术(EDI)、XML、电子订货系统、GIS与GPS技术、自动识别技术等。其中，基于Web的企业信息门户得到了发展，其基本作用是为人们提供企业信息，实现信息的个性化交流。但同时它也是企业业务流程的集成，它以商业流程和企业应用为核心，把商业流程中功能不同的应用模块通过门户技术集成在一起，实现供应链的同步运作。因此，企业信息门户的发展为供应链协同提供了同步运作和信息协同的框架平台，同时企业门户技术的应用也必将推动信息技术革命进入一个全新的阶段。

国内，金蝶国际软件集团在国内率先推出了TEEMS电子商务系统之企业信息门户产品R 2.0版。它可以帮助企业用户快速建立一个与业务紧密相连的门户网站，方便企业的信息采集与发布，实现企业内外部信息的实时传送与反馈，建立基于电子商务的业务通道，从而在信息传输、在线交易、客户服务等诸多方面帮助用户极大地提高效率，扩展竞争空间。

以信息技术为支持，实现供应链同步运作的协同技术主要包括多智能体技术、工作流管理技术及应用软件技术等。多智能体技术采用协商的决策，能够在相同环境中采用不同的解决方法，具有并行性、智能性和柔性。它的研究和应用十分广泛，通常应用在比较复杂的、柔性高的、动态的、开放的分布式环境中，为系统集成、并行设计、实现智能制造、敏捷制造提供了更有效的手段。工作流管理技术则是实现企业业务过程建模、仿真优化分析、过程管理与集成，最终实现业务过程自动化的核心技术。至于支持协同的应用软件技术，如企业资源计划、供应链管理、供应商关系管理、客户关系管理系统、业务流程再造、供应商管理库存等大量可供企业选择安装的应用软件，已经以某种形式存在了相当一段时间，这些软件是促成协同管理的关键和基础。另外，近年来随着供应链协同管理思想越来越受到广泛的重视，很多软件公司致力于供应链协同技术的研发，并取得了极大的进展。例如SAP公司的mySAP供应链解决方案可以帮助企业构建自己的协同网络，使供应链管理从线性连续性进程转化为合作的共同体，使客户和业务伙伴在工作开始时交流更为直接，并能共享更多的信息；IBM公司的协同供应链管理解决方案，以协同决策、透明化的信息传递为基础，通过强化进度安排、优化库存水平、避免失误、过程自动化等来实现以最低的成本、最好的服务、最快的速度来满足客户的需求。目前已经被美国很多的超级市场所使用来改善销售中心、零售点及供应商之间的信息交流和产品交易。其他如EDS公司的TeamCenter系统软件、PTC公司的Windchill系统软件、MatrixOne的产品eMatrix系统软件、SmarT Solution公司的SmarTeam系统软件、Finmatica公司的FineChain软件都是面向供应链协同管理的解决方案。

目前，据美国著名的分析师、分析机构对大型企业未来采购行为的调查和分析之后得出的结果，在未来的两三年之内，协同应用将会成为一种全新的、高速增长的和最具发展潜力的领域。具备随需求特征而变化功能的协同应用软件必将成为企业信息化的新趋势。

1.2.3 协同供应链的研究趋势

面对全球经济的快速变化、网络通信技术的广泛普及和世界范围内竞争的加剧，供应链协同管理将呈现全球化、多维网络化、智能化和敏捷化的发展趋势。

1. 供应链协同的全球化

全球化供应链协同就是要求以全球化的观念，将供应链的系统延伸至整个世界范围，在全面地、迅速地了解世界各地消费者需求偏好的同时，对其进行协同计划、协同采购、协同设计、协同生产、协同库存、协同运输等，从而使全球范围内供应链上的各个节点企业为了共同的目标紧密合作。供应链协同的全球化管理是一种综合性的、适应全球化下企业跨国经营的管理模式，是新时代竞争的迫切要求。

2. 供应链协同的多维网络化

协同网络是指为满足特定的消费者需求，由利用网络技术建立合作关系的若干企业所组成的网络结构。在这种网络内部，协同不仅局限于上下游企业间的协作，所有参与的节点企业在信息共享的基础上各自发挥自身的优势，协同开发和生产，把产品迅速推向市场。网络化协同是供应链实现整体协同、提升供应链整体竞争力的必然要求。

3. 供应链协同的智能化

智能化协同必须以信息共享为基础，使用信息系统跟踪供应链上的数据流，建立强大的供应链合作，并将数据和关系转变为“智能”，以最佳方式为客户开发最佳产品，最大限度地使客户满意，实现更大的潜在价值。智能可以确定何时出现失控情况；确定失控情况解决方法；创建反应计划；对供应链全部成员的计划进行协商并使之同步等。随着供应链协同技术的日臻完善，协同必将逐步实现智能化。

4. 供应链协同的敏捷化

敏捷化协同要以增强企业对变化莫测的客户需求的适应能力为导向，以动态联盟的快速重构为基本着眼点，以网络技术为依托，实现供应链企业间短期内的合作和优势互补。它在强调从整个供应链的角度综合考虑、决策和进行绩效评价的同时，注重柔性、速度和质量，始终追求对客户需求的快速反应，实现利益共享的“双赢”目标。面对围绕新产品竞争的日益加剧、产品生命周期的缩短和客户对产品和质量的要求越来越高，敏捷性是供应链协同管理的必然趋势。

5. 供应链协同的绿色化

协同供应链管理追求高效率和低成本，近年来“绿色”的思想已深入人心，美国密歇根州立大学的制造研究协会进行了一项“环境负责制造”的研究并与1996年首次提出了“绿色供应链”的概念，此后关于“绿色供应链管理”的研究如雨后春笋般迅速增加，供应链的协同也正在以“绿色”为目标而发展，也就是就供应链协同的绿色化已成为共识。

从另一方面来看，绿色供应链强调环保，强调资源的合理利用，强调循环利用，各种研究已涉及供应链的各个环节，其内容主要包括：绿色设计、绿色材料、绿色采购(含绿色供应商的评估和挑选)、绿色(清洁)生产、绿色物流、绿色营销、绿色使用、绿色回收，即“绿色”的目标覆盖产品的全生命周期，而不是某一局部或阶段，即不仅包括制造过程，还包括原材料的供应、产品销售、产品使用、废弃物处理等环节。也就是说，仅靠单个企业内部的绿色制造并不能保证最终产品的“绿色性”，它要求与产品全生命周期的任一环节均保证其“绿色性”，否则，就不能保证最终产品为环保产品，制造企业的活动也不能成为环保制造。因此，只有具备技术优势的各企业联合起来，结成战略联盟，共担风险，并使联盟体高效地、顺畅地运行，才能使真正意义上的环保制造成为可能，而要实现这种状态就必须实现供应链的协同管理。

1.3 关于林业供应链的研究

尽管对于供应链的定义早已产生，并且用供应链的理论和方法研究林业产业问题由来已久，但对于林业供应链尚无统一定义。2005 年瑞典学者 Dick Carlsson 等人以造纸业为例对林业供应链作了定义性的描述，他认为：这是始于森林活立木的一个持续过程，经种植、采伐、分拣、各环节运输、木片厂、纸浆厂、造纸厂、转换成产品（如纸浆、纸张）直到最终用户的整个运作过程，其中有许多管理问题和优化规划问题（Carlsson，2005）。

除了造纸以外，林业供应链还应包括其他林产品的加工和使用过程。从国际通用的口径来看，林产品是包括以森林资源为基础而生产的木材和以木材为原料的各种产品，主要包括原木、锯材、木质人造板、各种木质成品和半成品、木浆、以木材为原料的各种纸及纸制品、林化产品等。从我国目前的统计口径来看，林产品除了包括上述各类产品外，同时还包括种苗、花卉、种子、林区土特产品、林果类产品等。

此外，生物质能源供应链近年来越来越受到重视，而木材作为生物质能源的重要原料，在生物质能源供应链中具有至关重要的地位，有关的研究也比较集中，特别是对于芬兰、瑞典和奥地利等国无论是理论研究还是实践应用都比较多，因此本书将以木材作为生物质能源的供应链研究纳入林业供应链研究的范畴，不同的是木材不再被加工成其他产品而是作为能源直接被利用。

1.3.1 林业供应链的研究现状

1. 木材加工供应链

对于木材加工的研究是林业供应链中的最主要内容之一。近年来国外的研究成果较多，比如 Dick Carlsson 在系统地描述林业供应链的基础上，以瑞典的一家较大的森林造纸公司(Södra Cell AB)为背景，分析了时间序列的计划编制问题，用供应链管理的方法对木材流通中的 5 个主要项目进行了优化和规划，包括销售、订单、终端分配结构、综合管理信息系统等(Carlsson，2005)。

供应链管理希望对干扰进行快速处理、及时交换信息并减少库存，从而取得更大的灵活性，木材供应链也不例外。因此，非常需要有助于减少扰动的协同管理工具，基于多 agent 的高级协作机制与技术也越来越受到人们的重视。近年来使用分布式网络的多 agent 模型在木材供应链管理中有许多应用(Forget，2008；龙勤，2007)，特别是可以用启发式算法解决多品种复杂网络的计划问题(Chauhan，2009)。

在木材供应链中，将原木初加工为木片是一个重要的过程并以此形成物流的实物形态，造纸和燃料都适用这种原料并更适合运输，2007 年 Bernd Möller 等人从交通运输的费用和成本方面进行了研究，采用基于光栅映射的地理信息系统为基础方法，构造了需求、成本与距离的函数，通过对供需曲线及其灵敏度的分析，确定了地理意义上的累积木片资源和平均成本的关系(Möller，2007)。

家具业也是木材加工供应链的重要领域，Ouhimmou M 等人以加拿大魁北克省为例进行了定性和定量相结合的研究，运用启发式算法建立了大型混合整数规划模型，从而决定采购、库存、外包和需求分配政策，以便使家具公司和物流公司在相同服务水平下成本最低(Ouhimmou，2008)。

此外，由于在瑞典建造房屋或别墅也经常以木材为主原料，Max Bergström 等人则采用 ERP 的概念和思想，通过 4 个案例对中小企业进行了研究，认为通过 ERP 的改进或再造可以适应供应链的内外部需求(Bergström，2005)，这也验证了企业资源计划(enterprise resource planning，ERP)在供应链管理的普适性。

2. 林纸供应链

对于林业来说，林木资源附加值最高的用途之一就是用于制浆造纸，有关的研究相对较多，相对而言从供应链的角度看，研究成果大多集中在林纸一体化（或林—浆—纸一体化）方面。20 世纪 80 年代理论界就开始讨论林业和制浆造纸的竞争与合作问题，目前，林纸一体化几乎成为共识，下面仅简要分析近两年来国外的研究成果。

从国外近年的研究看，林纸纵向一体化经营的研究和实践较多，比如对于造纸厂区域供应链网络，考虑以土地获得成本和轮伐策略为变量，通过 Newsvendor 型方程，构造了一个长期木材供应计划的模型，最大限度地考虑对减少年度木浆纤维需求情况下设计总折扣费用，根据对成本和存储适当的假设，确定了有关决策（Jones，2008）。

继 Dick Carlsson 之后，Helene Gunnarsson 等人仍以瑞典的 Södra Cell AB 公司为例，采用两种不同的启发式方法研究了有关决策和规划问题，包括了采伐地区设计、原材料的运输、纸浆厂产品结构和计划安排、产品的库存和销售策略、客户的水平和潜在订单的选择等许多方面（Gunnarsson，2008）。

从国内的研究成果看，研究方向主要集中在以下几个方面：①区域林—浆—纸一体化的规划和对策；②林—浆—纸一体化的实施办法或模式；③林—浆—纸一体化的实践应用；④林—浆—纸一体化中发展循环经济等。

3. 林业生物质能源供应链

国内外关于生物质（biomass）概念定义的内涵基本一致。维基百科认为，生物质是指可用作燃料或工业生产的活生物体或者近期死亡的生物体，通常包括用于发电或生产生物燃料的能源植物，用于生产纤维、化学品或者热量的动植物，以及可通过燃烧作为燃料的生物可降解废弃物，但不包括有机物质经过地质过程形成的新物质，如煤或石油。

木材是重要的生物质能源，特别是瑞典等林业发达国家运用较多，近年来对于木材生物质能源供应链的研究呈现出综合的趋势，比如以较大的瑞典企业为背景，运用启发式算法制定一个大型混合整数线性规划模型，确定供应链上的时间和地点问题，研究中考虑到如何将残余物运输和储存，如何满足对供热设备的需求，模型中还考虑了是否有额外的收获地区及锯木厂是否承包等问题(Gunnarsson，2004)。此外，对于区域森林燃料供应网络设计和评价问题也是研究兴趣所在，比如对于奥地利的实证研究(Gronalt，2007)。

由于国情不同，中国关于木材生物质能源的研究相对较少，但有观点认为生态能源林将成为未来生物质燃料油原料基地(王涛，2007)，近年来贺业方等人则运用契约经济学的观点对生态能源基地原料供应模式问题进行了探讨(贺业方，2009)。

4. 非木质林产品供应链

除了木材以外，林业还有许多非木质林产品(non-timber forest products，NTFPs)，比如蜂蜜、蘑菇、浆果等，并有很大的经济效益，合理利用将有助于社会和生态的可持续发展，近年来越来越受到国内外学者的重视。研究成果大多集中于对其经济价值的研究，并且这一类的研究通常和某一地区的特点紧密相关，比如：对印度干燥落叶林经济价值的研究(Mahapatra，2005)；北宁湾贸易对有关地区 NTFPs 采集的可持续发展研究(Carolle，2009)；对热带自然林前景、机遇和挑战的研究(Manuel，2010)等。

近年来的研究中，调查问卷和面谈的方式被广泛采用，如对阿拉伯国家市场和国际市场进行调查，对老挝的沉香供应链进行的研究，这一研究有助于缓解过度采集和资源短缺问题(Jensen，2009)，以及对瑞士 6 个城市的调查研究，分析了消费者的喜好、购买力，需求潜力及供给状况等因素(Kilchling，2009)。

和国外一样，中国相关的研究大多与地域相关，比如：对平武县这个既具有典型性又具有特殊性的山区县进行的研究(李怡，2007)；在分析了云南省非木材林产品资源优势的基础上，通过实地调研，探讨了其可持续发展的途径(赵璟，2009)；采用分层 4 阶段抽样调查法对山东省非木材林产品进行抽样调查，分析了山东省非木材林产品的产业情况，并计算出山东省非木材林产品的流量价值(侯占勇，2009)。

5. 林业物流管理

物流一直是供应链发展的重要问题，林业供应链也不例外，最能体现林业物流特点的就是林木及相关物资的采集、运输技术，而这一直是国外研究与实践的强项。把物流纳入整个供应链系统并进行规划是近年来的主要研究内容，前文所述的供应链规划问题大多也包含了物流问题，当然也有关于森林工业物流的专门研究和规划，比如综合考虑3个重要的因素：森林生产、森林设施的位置和森林货物配送，建立了混合整数规划的动态模型，进行最佳地点、设施规模、生产水平、货运流量的确定(Troncoso，2005)。

近年来的研究更注重采集系统的设计，并更兼顾生物的多样性、可持续发展等因素，比如对于瑞典的采集系统进行的分析就体现了这一思想(Berg，2003)。此外，对生物质能源的物流问题也得到了重视，比如对希腊的调查和经济分析(Boukis，2009)，以及针对生物质能源的季节性供应特点和生物质能源的多样性进行的存储问题研究(Athanasios，2009)。

国内的林业物流水平相对落后，关于林业的物流问题研究也大多集中在定性的研究上，关于如何加强木材产品物流管理水平问题的讨论从21世纪开始相对集中(朱永林，2003)，进一步地展开了信息时代下我国林产品物流问题的讨论(王晓松，2006)，并且试图将营销预警系统在林产品物流中加以应用以提高管理水平(陈彩虹，2007)，此外，遗传算法等方法在木材物流中心选址等问题的研究中也有应用(林雅惠，2007)。林业物流的区域性较强，关于区域林业产品物流问题的研究通常与实证相结合(林雅惠，2007)，并且林业产业正呈现出产业集聚的趋势，关于林业产业集聚情况下的林业物流发展是重要的研究方向(张浩，2009)。

6. 其他林业供应链

近年来，国外还有其他一些关于林业供应链的研究，比如Constance以加拿大魁北克市为背景，研究了知识及网络的价值，研究人员认为，面对知识型经济的挑战，林业企业更需要知识创新和认识传播，有必要建立专门的知识中心(Constance，2005)。然后又在访谈的基础上，用创新价值矩阵来描述产品创新和工艺创新，并认为专门的知识中心能够在自我发展的过程中采用更好的工具来传播知识，并产生更多的价值(Constance，2006)。

此外，Steve Drolet等人对于林业供应链中的大中型森林采伐企业(forest harvesting entreprise，FHE)和中小型企业(small and medium business，SME)进行比较分析，包括诸如企业家的动机、习惯、管理能力、经营战略和其他非金融方面的因素，以便重新考虑其合作关系并建立新的林木供应网络(Drolet，2010)。

从国内的研究看，林业供应链中的林产企业核心竞争力问题也是研究兴趣所在，认为区域林产企业核心竞争力的培育应引入供应链管理思想，应构建高效的供应链平台，同时还应着重培育林产企业供应链的内涵异质性(龙勤，2007)。由于林业供应链的利益不均衡，因此构建完备的利益协调机制，并用来协调各环节的利益的研究也在中国呈现出发展的趋势(蒋昌华，2009)。

中国的人工林较多，相关的研究也是近年来的方向之一，比如在分析中国人工林发展现状和存在问题的基础上，以规模经济和产业关联理论为指导，提出了人工林产业链化经营组织形式，阐述了建立和完善人工林产业链化经营的主要措施(仲崇文，2008)。

1.3.2 林业供应链的研究趋势

1. 对林业供应链中协调、保障及制度的研究

除了对供应链的设计以外，供应链成员间的利益博弈、协调、约束、激励其保障机制等问题仍是研究的重要方向，对于林业供应链而言，有许多可以借鉴其他行业的地方，但是林业供应链有其特殊性，比如林业涉及许多法律、法规问题，涉及国家政策和发展战略问题，涉及融资问题，涉及农民问题等，因此对于林业供应链中协调、保障及制度研究将是重要的研究趋势之一。

2. 对林业供应链的多元化拓展研究

林业产业的范畴较大，除了林木以外还有许多其他林产品，比如花木、菌类、禽类等，因此多元化发展的空间很大，林业可以与农业相结合，也可以和观光旅游业相结合，这已经成为目前林业产业发展的重要方向，相关的研究则是必然的趋势。

目前，已经有学者对林业产业融合进行了研究(李碧珍，2007)，认为这将打破传统林业生产方式纵向一体化的市场结构，塑造出新型横向结构，产生综合型边缘交叉产业并形成新的经济增长点，拉长林业产业链条，聚集并能释放出林业产业内部所具有的能量，产生 1 + 1 > 2 的效果。

3. 结合新信息技术对林业供应链的定量研究

现在信息技术已比较发达，供应链的信息化是未来的发展方向，在此基础上的各种定量的研究也正在进行，各种算法及仿真的应用也将在林业供应链中体现。此外，与其他供应链不同的是，遥感技术(RS)、地理信息系统(GIS)和全球定位系统(GPS)将更可能在林业供应链系统中加以应用，而这有助于实现精细化管理，这是林业供应链的另一特点所在。

4. 对林业供应链中物流技术的研究

供应链中物流技术的进步日新月异，对于林业供应链而言相关研究必不可少，由于林业系统的特殊性，相关设计与供应链的设计结合紧密，并且注重于资源的综合利用。此外，上述信息技术也有助于林业物流的研究和应用，值得注意的是，近年来综合考虑生物多样性及环保问题的相关研究开始加强，比如对蘑菇采集及物流系统采用地理信息专家系统进行了回归分析，研究中考虑了物种的多样性等因素(Yang，2006)；对西班牙南部的葵花籽作物进行的物流分析(Gutiérrez，2008)等。

5. 林业绿色供应链研究

虽然绿色供应链管理在电子业、汽车业和农业等领域都已经展开了许多研究和实践，但是在与绿色供应链管理关联更大的林业中的研究却十分匮乏。目前有学者已经意识到，应当将环境系统作为绿色供应链的内部子系统进行研究，中国著名管理学家汪应洛院士运用系统的理论和方法，构建了绿色供应链系统的结构模型(汪应洛，2003)。根据林业系统的特点，又进一步将森林资源培育业纳入林业产业链的“运作系统层”，构建了林业产业链的系统结构模型，并研究了森林资源—环境—经济复合大系统可持续发展的定量优化模型(张智光，2004，2006)。

近年来的研究认为，林业绿色供应链是一种广义的供应链，它将传统的制造业供应链管理从中间产品和最终产品的制造，拓展到可再生资源培育的环节，这对林业产业和林业生态协同发展具有重要意义(张智光，2008)。进一步的研究已对林业绿色供应链系统的结构与特性进行了分析(张智光，2009)，并以“绿色共生”作为理论基础，构建林业绿色供应链的资源链、价值链和生态链的多重闭环系统结构模型，探究了林业生态与产业良性互动的“三链共生”机理。

进一步的研究认为，林业绿色供应链则将生态与环境系统纳入供应链系统，作为其内部的一个子系统，因而更注重产业系统和生态系统的良性互动，实现资源、环境、生态和产业系统“从苗圃到森林”的协同共生，这就是林业绿色供应链特有的核心问题——“绿色共生”。

6. 林业协同供应链研究

协同供应链管理在许多领域已经展开了许多研究和实践，特别是对于制造业的研究较多，但是在林业产业中的研究和应用也十分匮乏。产生这一现象的原因是多方面的，其中一个重要的因素是林业供应链的特殊性造成了这一理论直接应用的困难。可以从以下几个方面来看待这一问题，这主要是因为林业供应链与一般制造业供应链管理有一些明显区别。

（1）工作重点不一样。一般制造业供应链管理强调快速反应、敏捷化、柔性化和信息化。而林业具有林木生产周期长、风险大、生态效益突出等特点，因而林业供应链管理更注重供应链的整体战略、长远目标，以及战略与战术的一致性，更强调整体效益产生“协同效应”（张勇，2009）、供应链系统的集成化和战略联盟关系的稳定化。

（2）系统结构不一样。一般制造业供应链管理将生态与环境系统作为供应链的外部系统，侧重于减少对资源、生态和环境的破坏，实现资源“从摇篮到坟墓”全供应链管理(考虑到回收利用，也有人称之为“从摇篮到摇篮”的管理)；而林业供应链则将生态与环境系统纳入供应链系统，作为其内部的一个子系统，因而更注重产业系统和生态系统的良性互动，实现资源、环境、生态和产业系统“从苗圃到森林”的协同共生。

（3）实现技术不一样。一般制造业供应链协同管理的实现技术在前文已说明，对于林业供应链而言实现较难：一方面信息技术的普及程度还不高；另一方面用到的技术也不一样，主要涉及“营林管理信息系统”，而这方面的技术目前还是一个研究方向，涉及林业精细化管理、采伐管理系统、GIS 系统等。

但是近年来相关研究开始出现并形成一个重要的趋势（M. Frisk，2010），可以说林业协同供应链管理是一个重要的研究方向，而其本质是如何实现林业供应链的协同发展，这也正是本书的研究重点。具体内容详见以后各章节。

第2章　林业供应链协同发展的理论基础

第1章对林业供应链协同发展的相关研究进行了评述，从研究趋势看，系统理论和方法呈上升的趋势，本书也是以系统理论为主的，并将林业供应链看成为由林业产业系统和林业生态系统组成的复合大系统。在研究其协同发展的其他问题之前需要先了解协同学。

2.1　协同学及其引入的必要性

2.1.1　协同学

协同思想在20世纪50年代由德国的哈肯(H. Haken)教授提出，最早只是应用于激光等物理方面的研究并涉及计算机科学和系统科学，进而由之产生了计算机支持的协同工作(computer supported cooperative work, CSCW)这一新兴学科。协同思想在管理科学上也有许多应用，最早是在2000年国外著名的管理咨询公司Aberdeen Group给出了协同商务的完整定义，随之带来了管理思想的一次变革。

1. 协同学的基本观点

协同学(Synergetics)，亦称协同论或协和学，协同论是在“系统论”、“控制论”和“信息论”基础上发展建立的“新三论”之一(另外两论分别是“耗散结构论”、“突变论”)，着重研究系统与系统之间的相互作用的变化规律。它包含两个基本观点：①系统的协同效应；②系统的自组织性。

协同学是哈肯教授在充分结合协同思想和其他学科的基础上，在20世纪70年代创立的一种研究不同事物共同特征及其协同机理、可广泛应用的横断科学。协同学是从系统演化的角度出发，研究不同领域内的系统在各子系协同作用下从无序向有序演化，即研究开放系统在外部条件作用下，内部要素及子系统之间，如何通过非线性相互作用而形成协同效应，自组织成为一个协同的内部机制和规律。协同学对于电子商务下协同化物流理论体系的构建，承担着哲学方法论以及科学定量分析工具的作用。

协同学提供的是一套新的理解系统运行的理念，它能从哲学范畴为物流理论研究和实践提供哲学方法论上的指导，为供应链理论带来了新的研究视角和方法。协同学还是一个科学定量分析工具，一般采用综合的方法处理问题，主要从总体上把握对象，重点研究系统中各要素间如何以协同一致的合作来产生整体的结构。协同学认为微观个体行为决定系统宏观表现，因此应用协同学对供应链系统进行分析，是从微观层面出发对宏观的探究，这有助于把握供应链系统中微观—宏观物流层面的协同运作。

2. 协同学的研究方法

类比法是协同学采用的主要研究方法之一，而相似是类比的基础。不同的运动形式、不同的系统之间存在相似性。由于不同系统之间具有相似性，才有可能用同样的数学来表述不同的运动情况。哈肯正是发现了完全不同的系统之间有深刻的相似性，并在此基础上采用类比方法的。协同学主要从两个方面进行类比。一方面，不同系统的子系统在从无序到有序转变的过程中，呈现非常相似的行为，遵循着同类数学方程。另一方面，协同学将非平衡系统在临界点上所发生的相变或类似于相变的行为与平衡态相变进行类比。

从研究思路上，协同学采用的是系统的思想，分析系统中主要影响因素对系统状态的影响，这些影响因素就是序参量，而序参量在不同的情况下可能不同，并考虑随机因素的影响，对系统有序、失稳、分岔、平衡相变、非平衡相变等状态的关系从而得出事物的规律，比如激光的产生等，并且协同学认为系统是在演化的。

协同学解决问题的一般步骤是：首先，把具体问题“翻译”成数学，通常是建立系统的数学模型和相应的方程组；其次，对系统的方程组，在参考状态附近进行线性稳定性分析，由此确定线性稳定性丧失的条件；并区分稳定模式和不稳定模式，后者即为相应于参考态的序参量；再次，运用役使原理，消去快弛豫变量，得到系统演化最主要的序参量方程；最后，分析和求解这个方程，并将所得结论与实验比较，以检验模型的正确性。有关基本概念后面章节将作以介绍。

3. 管理学上的协同

管理学上的协同最早出现在对企业的多角化投资研究上。1995 年，伊戈尔(Igor Ansoff)在《公司战略》一书中首次提到协同的概念，并将其描述为：相对于各独立组成部分进行简单汇总而形成的企业群体的业务表现，即两个企业之间共生互长的关系，它是在资源共享的基础上产生的。而在 1996 年“协同商务之父”杰姆(Jim Hepplemann)提出：以人为本的协同工作将成为今后衡量企业是否真正具有竞争力的核心，指出协同最基本的含义是多人、多部门相互配合完成同一目标。“协同”这个词，是指协调两个或者两个以上的不同资源或者个体，协同一致地完成某一目标的过程或能力，进一步地可将协同定义为管理实现目标活动之间的互相信赖性(Malone，1994)。在供应链中，协同是适当地组合(关联、协调、调整、一致)一些目标(行为、目标、决策、信息、知识、基金)以实现供应链的目标。

中国信息化推进联盟专家顾问委员会主席陈拂晓说“协同本身是一个管理创新的结果，是由管理创新来推动的，协同应用系统反过来又推动管理创新，只有建立协同式的应用系统，才可能为管理创新营造良好的技术环境”。

协同一般都被简单地描述为达到“1 + 1 > 2”的效果，多个单元或节点(如企业)为同一目标，共享现有资源，共同进行努力的过程。罗伯特(Robert Buzzell)和布拉德利(Breadley Gale)将协同定义为一种企业群整体的业务表现，它不同于各独立组成部分进行简单汇总而形成的业务表现，而是通过相关性，共享等方式联结起来的。也有学者认为协调价值是由于相关联的业务之间存在有形和无形资源共享而得到的企业价值的增加(Thomas，1997)。

2.1.2 引入协同学的必要性

第 1 章对林业供应链进行了更完整的定义，从定义中可以看出，林业供应链是一个大系统，并由林业产业系统和林业资源系统两大子系统组成。许多文献也将林业生态系统称为林业资源系统，主要是从资源供给的角度考虑，但本书统一称为林业生态系统，因为林业除了提供资源以外，还应具有生态效应。

对于林业产业子系统，基本可以看成是普通的供应链系统，在该领域已有许多研究中引入了协同学，并产生了协同供应链这一研究分支(第 1 章)，所以本节重点分析对于林业生态系统为何要引入协同学。

协同学是一门系统性很强的科学，是研究关于复杂系统中各个子系统之间相互协同作用的科学，是研究和比较多元系统诸要素之间合作效应的理论。它着重探讨客体系统自身进化的真正原因，揭示出不同的系统间存在的从无序到有序，从不稳定到稳定，都具有目的性的相似特征；它把研究对象从远离平衡态的开放系统推广到平衡态的封闭系统，既适用于非平衡态中形成的有序结构与功能研究，又适用于平衡态中发生的相变过程。

协同作用就是客体系统从无序向有序进化的自组织能力。现实系统总处在原无序到有序，再到新无序又到新有序的否定之否定的无限发展系列之中。系统要素间的协同效应导致系统整体同一性、结构稳定性、进化有序性和功能最优化。一句话，协同导致有序化。协同学提出的协同作用原理，从系统运动微观层次上揭示了有序与无序的矛盾和辩证转化，阐述了物质世界诸系统进化从简单到复杂、从低级到高级的一般规律、动力源泉和微观机制。协同作用原理的数学化要求辩证思维与数学模型相结合，并借助于概率论和突变论等数学工具。系统协调包括要素之间、系统与要素之间、系统与环境之间同时协调的三级协调体系。

林业生态系统是社会过程、经济过程和生物过程的紧密耦合，要求林业生态系统的社会效益、经济效益和生态效益的协调发挥，从而促进林业生态系统的社会进步目标、经济增长目标和资源保护目标的同步实现，这都离不开林业生态系统的结构、功能和效益的密切协同。

林业生态系统是一个非平衡开放系统，其子系统之间、子系统各要素之间以及系统与环境之间普遍存在相互联系、相互制约、相互促进、协同发展的规律，这是林业生态系统产生宏观有序的直接原因。由于开放性是产生有序结构的必要条件，而非线性是产生有序的基础，因此只有协同性才是产生有序的根本原因。

林业科学中的限制因子律、报酬递减律、最适因子律和最小养分律等都是从不同层次和不同侧面对协同学的证明，而可持续发展理论则从指导思想的高度要求人们在林业资源可持续发展中引入协同学，因此在研究林业供应链协同发展的问题中有必要引入协同学。

2.2 林业产业子系统协同发展的理论基础

如果不考虑林业生态子系统，只是将林木(或其他森林产品)看成是原料，将营林企业看成是供应商，对于林业产业子系统而言，与普通的供应链管理区别不大，可以将其作为普通供应链处理。协同学是一种横断学科，对于供应链管理领域有许多应用，本节主要介绍这一领域的理论基础，这在后续的研究中将会用到。在研究展开之前，先引进几个基本概念。

2.2.1 基本概念

1. 自组织

所谓自组织是相对于他组织而言的，而他组织是人为的，通常是有目的、有方法、有计划、有步骤的，比如考察一个工人的集体。当每个工人按照经理发出的外部指令而以一定的方式活动时，那么称它为组织或他组织，或更准确地讲，它有组织的功能。而自组织是如果不存在给出的外部指令，工人们按照互相默契的某种规则，各尽其责地协调工作，那么这种与前面不同的过程，称为自组织。

从子系统的角度来说，控制参量的变化，起着改变子系统之间关联强弱和改变子系统独立运动与协同运动的相对地位的作用。比如没有温度的降低来减少分子热运动动能(独立运动)和同时增加分子之间的相互作用(关联)，水是不能结成冰的。因此说，如果环境不提供促成子系统之间关联的转化条件，系统是不会产生自组织的。还有一个有趣的现象是：外界以无规则的形式给系统提供能量和物质，然而自组织结构能够把这些无规则形式的能量和物质变为有序的形式。对于林业产业子系统或是对于供应链而言，这种自组织是存在的，并且同时也存在他组织的结构。

2. 涨落

可以说，对于任一动态系统都会有涨落。即使系统处于有序状态，也并不足说子系统无规则的独立运动会完全停止，子系统间的独立运动及它们各种可能产生的组合，加上环境条件的随时机波动等，都反映在系统的宏观层面上，使系统经常会偏离它的平均位，这种偏离平均位的起伏现象就叫涨落。

当系统处于稳定状态时，这种涨落的幅度与宏观量相比是很小的，并且衰减又快，因此常常可以把它忽略。然而，当系统刚刚进入临界点时，子系统自发的独立运动与它们之间关联所形成的协同运动也进入均势阶段，有可能使系统出现无序和混乱。从随机论来看，涨落是形成有序结构的动力，涨落是有序之源。从动力学来看，系统演化的结局是由边界条件决定的。

3．熵

熵是来源于热力学的表示物质系统状态的一个物理量（记为 S），它表示可能出现某状态的程度。从微观上说，熵是组成系统的大量微观粒子无序度的量度，系统越无序、越混乱，熵就越大。

迦诺在研究蒸汽机工作原理时发现，蒸汽机之所以能做功，是因为蒸汽机系统里的一部分很冷，而另一部分却很热。换一句话说，要把能量转化为功，一个系统的不同部分之间就必须有能量集中程度的差异（即温差）。当能量从一个较高的集中程度转化到一个较低的集中程度（或由较高温度变为较低温度）时，它就做了功。更重要的是每一次能量从一个水平转化到另一个水平，都意味着下一次能再做功的能量就减少了。这两种不同的能量状态分别被称为“有效的”或“自由的”能量，和“无效的”或“封闭的”能量。熵的增加就意味着有效能量的减少。每当自然界发生任何事情，一定的能量就被转化成了不能再做功的无效能量。

4．序参量

序参量最初来自物理学，在平衡相变理论中，序参量是用于表征相变后的系统有序的性质和程度的。在相变前的旧结构下，序参量为零，从相变点起序参量取非零值。协同学中不同的系统序参量的物理意义也不同。

子系统总是存在着自发的无规则的独立运动（比如热运动），同时又受到其他子系统对它的共同作用——存在着子系统之间关联而形成的协同运动。在临界点的，子系统之间的关联弱到不能束缚子系统独立运动的程度，因此子系统本身无规则的独立运动起着主导作用，系统呈现无序状态。随着控制参量的不断变化，当系统靠近临界点时，子系统之间所形成的关联便逐渐增强，同时子系统无规则的独立运动在相对的变弱，当控制参量达到“阈值”时，子系统之间的关联和子系统的独立运动，从均势转变到关联起主导地位，因此出现了由关联所决定的子系统之间的协同运动。

在相变前序参量应为零，在临界点它随着系统有序程度的增加而急剧增大。正确地选择序参量会给问题的处理带来很大的方便。序参量来源于子系统间的协同合作，同时序参量又起着支配子系统行为的作用，使子系统之间的协同合作产生宏观的有序结构。

5. 绝热消去和役使原理

绝热消去原理也称为役使原理，即认为不是所有的控制参量都是序参量，特别对系统处于临界点时系统参量可分为两类。绝大多数参量仅在短时间起作用，它们临界阻尼大、衰减快，对系统的演化址程、临界特征和发展前途，不起明显作用。这类参量称为快弛豫参量。另一类参量中有一个或者少数几个，它们出现临界无阻尼现象，在演化过程中从始至终都起作用，并且得到多数子系统的响应，起着支配子系统行为的主导作用，所以系统演化的速度和过程都由它决定。这就是慢弛豫参量(序参量)。

为了抓住在演化过程中起支配作用的慢弛豫参量，而忽略快弛豫参量的变化对系统演化的影响，可令快弛豫参量对时间的导数等于零，然后将得到的关系代入其他方程，从而得到只有一个或者几个慢弛豫参量的演化方程——序参量方程，这个处理过程就是绝热消去原理。用此原理可以把众多的描述相变的偏微分方程组化为一个或者几个序参量方程，使原来难于求解或者无法求解的问题简单化。

2.2.2 林业产业子系统遵循的协同规律

首先，协同学论证了对于复杂系统从无序到子系统协同运作达到有序状态是遵循一定的规律的。基于这个理论，不妨假设林业产业子系统是一个复杂的供应链或是一个供应网，这个复杂的系统通过供应网络上各个子企业或子企业群体的相互协作是可以组建起某种精巧的结构，并达到某种有序的状态。那么从这个有序的状态来考察，很容易发现影响供应链的直接因素是客户需求。当客户需求出现时，围绕需求的各种资源以企业合作的实体形式组织起来，各个实体拥有资源的种类不同、数量不等的状态，又导致了企业之间千变万化的合作方式，而合作方式的不同，又导致了资源在企业间不同的再分配方式。因此，这种客户需求导向仅是表面现象，而实际在操纵整个供应网的是资源的分配。尽管在早期著作中所提及的价值理论，以及现在流行的表达“价值链”的说法已涉及这一规律，但是却没有对供应链的深层本质更进一步的研究。

因此先考察描述整个供应链系统的宏观指标：运转速率、资源耗费度、健壮性、自适应性。为了简化研究，只处理最简单的情况，即只有促进和削弱系统协同两种截然不同力量存在，用+、-来表示。由序参量的这两个特性表征系统状态有序的性质和程度，并且它们是从供应链中产生，而同时又左右着供应链的形态，即在各个子系统的相互作用中所产生；而另一方面，它们又反过来作用于系统，影响各个子系统之间的协同方式。

那么可以推断供应链系统的序参量就是对应着不同作用力的 F+和 F-。将合力细化分解，就可以得到供应链中序参量的物理意义：有形资源互补度、信息资源共享度、无形资源依赖度、空间分离度、时间时段度，这在后续的评价中将作深入研究。

如果序参量没有增加或减少，那么整个系统是处于某种状态且这种状态不会有巨大的变化。但当对供应链系统加以控制时，即产生新的序参量时，譬如政府的政策修改了知识产权的范围，而知识产权对供应链的资源比重增大时，那么知识产权的分布就会影响供应链的组织状态，成为供应链的序参量，带来系统状态的巨大变迁。但是对于整个供应链系统而言，序参量常常在一起工作，它们之间的关系可能是合作，也可能是竞争(例如在演化中，不同的序参量相反彼此在竞争)，序参量决定了供应链的总体形态。尽管前面论证出现新的序参量才会影响系统形态，但这并不意味着在不出现新的序参量的情况下，供应链系统在现有序参量的左右下一定是稳定和优化的。

如果这种有序状态形成，称之为供应链协同，这有 3 层含义：组织层面的协同，由“合作-博弈”转变为彼此在供应链中更加明确的分工和责任“合作-整合”；业务流程层面的协同，在供应链层次即打破企业界限，围绕满足终端客户需求这一核心，进行流程的整合重组；信息层面的协同，通过 Internet 技术实现供应链伙伴成员间的信息系统的集成，实现运营数据，市场数据的实时共享和交流，从而实现伙伴间更快、更好地协同响应终端客户需求。

只有在这3个层次上实现了供应链协同，整条供应链才能够实现响应速度更快、更具有前向的预见性、更好地共同抵御各种风险，以最小的成本为客户提供最优的产品和服务。供应链协同从实现范围上由两个方面组成：企业内部的协同和企业间的协同，本书的研究重点是企业(节点)间的协同，这也涉及博弈问题，后续章节将专门展开。

供应链企业(节点)间协同是指供应链上的成员在共享需求、库存、产能和销售等信息的基础上，根据供应链的供需情况实时地调整计划和执行交付或获取某种产品和服务的过程。企业间的协同较企业内部的协同复杂的多，这主要因为企业内部有一个共同的、明确的总目标，而企业间因为法人主体的不同，从而很难形成统一的、明确的、共同的目标。企业中存在最高的决策个体，但是在供应链中的企业之间的决策影响是相互的，虽然有强势和弱势，但是不存在绝对的最高决策个体，并且企业内部因为法人主体的一致，从而对资源的调配、应对紧急事件的统一支援和指挥较企业间协同容易实现。

因此，构建企业间的协同必须在供应链层次共同构建一个共赢的供应链目标；建立企业间亲密的伙伴关系，达成相当高的信任度；实现资源的有效整合与利用，相互开放业务信息，增强运营体系的透明度；从供应链的层次，围绕满足终端客户需求为核心实现企业间流程重组；集成企业间的供应链管理信息系统，实现实时信息交互和共享，最终实现同步制订供应链计划和同步跟踪全供应链的计划执行状态和同步预警，应急反应和资源调度。

2.2.3 林业产业子系统中互补与竞争

与该命题有关的常用于林业的理论是共生理论，但这与本书观点是不矛盾的。协同学中的研究发现，系统的序参量是具有交叉关系的：在一段时期，系统的运动由某一个序参量规定；隔了不久，这一序参量失去统治，另外的一个佼佼者就会取而代之，运动就这样类而推之。协同学的宏观性质因此常常由序参量的共同协作或竞争来阐明。类比到林业产业子系统或是供应链系统，在子系统建立时，企业间的协同依据的是有形资源互补度，因此有形资源互补度起主宰作用，支配其他的供应网序参量，供应链的形态由有形资源互补度规定。但到了供应链运作时期，有形资源互补度失去统治地位，可能由信息资源共享度或无形资源依赖度取而代之，依次类推到整个供应链网络系统，系统的状态也是在序参量的交叉关系中运动的。

另一方面，当序参量维数没有增加或减少时，序参量规定了一个简单的数量，这个数量是会影响到供应网系统中的个体，可能会造成某部分供应链组织的变化，如当有形资源互补度减小时，那么在减少的同一领域必然会出现竞争，这种竞争的出现导致个体选择的可能性增多，不同的选择会影响部分供应链形成不同的构局。反过来，对于占有同一领域资源的子系统而言，彼此会因冲突而产生竞争，竞争的过程中资源的分配会发生变化，这种变化会带来序参量的数值的波动。因此，影响这些序参量量化值的应是竞争规律。

上述观点说明：当企业互补度高时，系统状态很稳定；当企业资源有冲突，互补度下降的时候就会使两者关系出现不确定因素，如果寻找不到共同利益，两企业在同一区域内就会呈现对立竞争状态，导致供应链的不稳定；如果企业资源空缺度增多，互补度下降的时候，那么必定有其他的企业填补空缺，当企业增多，资源的组合又会重新配置，当有更合适的替代企业，原来的结构就会分裂，产生新的状态。因此，可以看出，虽然在供应链中首要前提是各个企业之间的合作协同，但是无法回避的是，供应链仍然依赖于竞争调整组合供应链中各个子系统的协同方式。竞争规律在供应链系统中仍发挥作用，决定着序参量数值的变化，使供应链系统内部呈现千姿百态的构造和局部状态变化。

2.3 林业生态子系统协同发展的理论基础

系统理论认为，非平衡可能成为有序之源，而许多系统的演化(无论是突变还是渐变)是不可逆过程，认为一个远离平衡态的开放系统通过不断地与外界交换物质和能量，使系统某参量变化达到一定阈值时，可能从原有的混沌无序状态转变为在时间、空间或功能上稳定有序的新状态，协同学通常可以解决这一类问题。

林业生态系统是一类典型的远离平衡态的开放系统，并具有非线性等协同学特征。系统通过与环境进行不断的物质、能量和信息的交换而产生一种远离平衡态的动态平衡，这种平衡是可以被打破的，并转变为新的状态。

2.3.1 林业生态子系统的协同学特性

1. 林业生态系统的非平衡性

林业生态系统是一个非平衡系统。从生物或生态的角度来看，它的运动方向不再是平衡态的顶极群落，而是越来越偏离平衡态的某个偏途顶极群落。林业生态系统内部各组成要素之间存在较大差异和涨落：功能差异、信息差异、时间差异和空间差异等；来自系统外部的涨落即由环境的非平衡约束包括太阳能、地球内能、科技进步和最优管理等引起的，以及来自系统内部的涨落即由系统各组成要素之间的非线性相互作用引起的，如森林的繁殖、死亡、竞争等。由于远离平衡态的主要特点是系统内部各种组成要素之间存在较大差异和涨落，而区域森林资源系统恰好具有这两个特点，所以它具有远离平衡态的特征。

2. 林业生态系统的开放性

林业生态系统是开放系统，它与外界环境存在物质、能量和信息的交换。林业生态系统存在于特定区域的自然环境和社会经济环境之中，不能脱离环境而存在，与环境之间不断地进行着物质转移、能量转换和信息传递，体现了林业生态系统不是孤立的，而是开放的特性。

非平衡态热力学证明：远离热平衡是发生非平衡相交的必要条件。只有从外界向系统注入能量和(或)物质，维持一定的能流和(或)物质流，系统才能维持非平衡态。换句话说，实现非平衡相变的系统，必须是开放系统。反之，一旦中止能量和物质的注入，系统被外界孤立起来或封闭起来，它必然趋于平衡态。

3. 林业生态系统的自组织特性

在一定的环境条件下，由系统内部自身组织起来，并通过各种形式的信息反馈来控制和强化这种组织的结构称为自组织结构，相应的描述称为自组织理论。自组织理论是协同学的核心理论，序参量是通过自组织状态来维持的。

对于林业生态系统而言，具有明显的自组织特性，自组织的实现通常有以下3个渠道，这在林业生态系统都可能发生。

1）改变控制参量引起自组织

当人们慢慢改变环境对系统的作用时，在一定的临界点，系统可以达到较高有序度或结构的新状态。其中环境对系统即使仍是同一种作用，系统依然可以演化出各种空间模式。而林业生态系统更多地是人工干预下的生态系统，其控制参量很多，如营林模式、种植采伐和方法等，任何一种控制参量的改变必然引起系统的变化并趋向另一种平衡。

2）改变组分数引起自组织

无论是人工干预还是自然的力量，都必然改变系统中物种的数量和状态，而这将引起原系统(原来解)的不稳定性。

3）瞬变引起自组织

常见的是自然灾害(如火灾、地震等)及人工皆伐行为的发生，引起系统的瞬变，瞬变之后将重新建立并形成另一与原系统可能差别较大的系统。

4. 林业生态系统的非线性

非线性关系在林业生态系统中是随处可见的，而纯粹的线性关系反而很少。由于系统是由若干资源要素共同构成的一个既庞大又复杂的巨系统，其内部各个要素共同作用的结果并不等于每个要素单独作用结果的机械叠加，即不满足叠加原理，也就是说，区域森林资源系统具有非线性，是一类非线性系统。比如，种间竞争的Lotka-Volterra方程就是一个非线性常微分方程，竞争关系表现为非线性关系；森林与生态因子之间的相互作用表现为一条开口向下的抛物线即为一种非线性关系；常用的树木生长函数(如Logistic曲线、Richards曲线、指数回归曲线、对数回归曲线、二次多项式曲线和修正指数曲线等)是非线性曲线，目前还没有得到一个拟合的比较好的线性曲线。

2.3.2 林业生态子系统的演化规律

下面用协同学的思想来分析林业生态系统的有序性及其演化规律。前面从序参量的角度分析了林业产业子系统的规律，其基本原理在这里仍然适用，这里不妨从熵的角度来进行分析。

熵在很多学科和领域都有运用，哈肯的协同学也是序参量和最大熵原理。对于林业生态系统，外界环境一方面在使林业生态系统熵不断降低，另一方面却使其熵不断增加，这是一对永恒的矛盾。这种矛盾的具体内涵可以用熵的状态函数来描述。林业生态系统的熵变化模型可以表示为：$dS = d_iS + d_eS$。其中，dS 是系统内的总熵，d_eS 是外部环境进行物质和能量交换引起的熵流，d_iS 是系统内部的不可逆过程引起的熵产生。

又令 d_aS 为输入林业生态系统的负熵，包括由太阳能、地球内能、最优管理和科技进步等提供的各种负熵流，即环境提供的负熵，d_bS 为输出林业生态系统的负熵，包括由人类社会生产所消耗的以及林业生态系统在抵抗污染、人类破坏和自然灾害等时所消耗的各种负熵流，即环境提供的正熵，则 $d_eS = d_aS + d_bS$，于是 $dS = d_iS + d_aS + d_bS$。其中，$d_aS < 0$，$d_bS > 0$，d_iS 不一定，所以总熵 dS 值的大小取决于 d_iS、d_aS 和 d_bS 三者的相对大小。

当 $|d_aS| < d_bS + d_iS$ 时，$dS > 0$，表明环境提供的负熵流不足以抵消环境提供的正熵流与林业生态系统本身内部产生的非负熵，也就是说人类的开发利用和环境的干扰破坏超过了林业生态系统的最大承载力。这样，林业生态系统只能朝着熵增大的方向实行无序演化，最终倾向于各类过程的差异消失，变成完全均衡的混乱状态即系统解体。当 $|d_aS| = d_bS + d_iS$ 时，$dS = 0$，表明环境提供的负熵流恰好抵消环境提供的正熵流与林业生态系统本身内部产生的非负熵，这样系统处于热力学意义上的定态。

当 $|d_aS| > d_bS + d_iS$ 时，$dS < 0$，表明环境提供的负熵流足以抵消环境提供的正熵流与林业生态系统本身内部产生的非负熵。这样林业生态系统可以通过自组织作用向有序化方向继续演化。这时的林业生态系统是优良的、进化的，也正是人类社会开发利用森林资源过程中所追求的目标。图 2.1是该子系统的熵流结构。

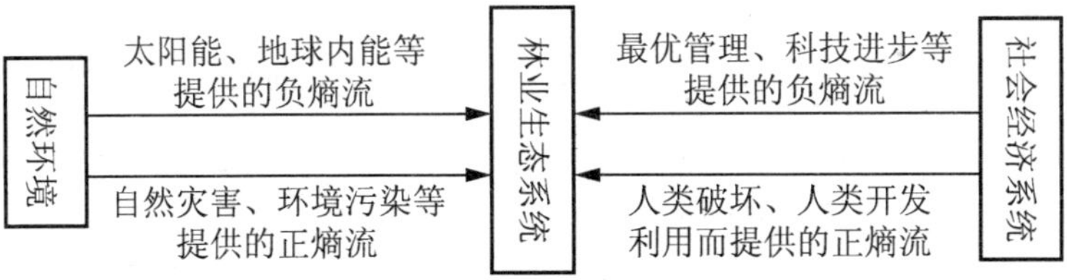

图 2.1　林业生态系统的熵流结构

林业生态系统的有序性是在远离平衡条件下出现的，在非线性远离平衡态达到一定阈值后，系统稳定平衡的条件不能得到满足，于是就变得不稳定。同时，加上涨落的作用，系统就会自组织起来并产生一种新的有序结构，如遭受火灾后森林会自动演化为另一种形态。因此，林业生态系统是一个非平衡有序结构。一是它与外界环境不断交换物质和能量，不断新陈代谢，吐故纳新，以维持系统的稳定和有序；一是好在它有一种自组织能力，使它在受环境干扰的情况下，能重新组织成新的有序结构。

平衡态的静态含义是系统与环境的物质和能量处于一个常量状态。平衡态的动态含义是无论系统目前处于何处，它的动态运动趋势是向平衡点回归的，所以平衡态只有在与外界没有物质交换的封闭系统中，比如纯粹的自然生态系统中才能实现。在纯粹的天然生态系统演替的过程中，系统形态、营养结构和能量分配结构越来越复杂，其结构的稳定性、封闭性和生态有效性越来越强，整个系统生态平衡的自动调节能力越来越强，最后在顶极群落中达到上限。

而具有相当空间尺度的区域森林资源系统却是一个越来越受人类驱动的、与环境交换越来越多物质和能量的开放系统。它的发展方向不仅受到自然生物生态规律的制约，而且会受到人类社会经济规律的制约，还要受到系统规律的制约。所以区域森林资源系统的目标，从生态系统的角度来看，不再是一个符合自然生态学规律的顶极群落，而是一个符合人类社会经济发展需要的偏途顶极群落。

因此，具有相当空间尺度的林业生态系统在总体上应是一个非平衡系统，而不是其他定义上的平衡系统。系统运动的趋势不是向平衡状态的回归，而是不断地向非平衡状态发展。系统非平衡稳定状态的存在，来源于开放系统的结构的有序性，在有人类驱动和质能输入的情况下，系统绝无保持于平衡态的必然性。对于开放的区域森林资源系统，打破平衡并非坏事，而是必然。纯粹的自然生态系统中生物与环境之间的生态平衡规律，在区域森林资源系统中，仅仅作为系统结构有序化的自然基础起作用，系统的发展不可能停留在这个基础上，而是要在新的社会、经济和技术条件下，实现新的平衡，即时间、空间、结构和功能的有序化，而这种平衡绝不是自然生态系统原有意义上的平衡，而是一种新的更高层次的动态平衡。由此可见，林业生态系统发展的判断并不依赖于原有定义上是否平衡，而是决定于系统是否实现了新的有序化。

需要说明的是，无论是平衡相变的发生还是非平衡相变的发生通常会与系统的突变联系在一起，而突变论也是一种系统理论，本研究中有借鉴和引入并可用于分析系统变化的路由和判断，即系统是否发生了相变，相变是如何发生的，比如建立突变现象的几何模型，当突变由不超过 4 个因子所控制时，在四维时空坐标系中反映的突变类型无非只有 7 种图像即折叠型、尖顶型、燕尾型、蝴蝶型、双曲式、椭圆式和抛物式。每种突变都与一个势函数相联系，是客观物质系统中现实原型突变的模拟和反映。

2.4 林业供应链系统协同发展的理论基础

前面讨论了协同学在林业产业系统和林业生态系统中的应用，下面把有关思想和方法引入到另一更大的系统中，即林业供应链复合大系统。

2.4.1 林业供应链系统的构成与分类

对于林业供应链，现在网络信息技术已很发达，林业产业也正在展开应用，企业与企业、企业与市场及企业内部的联系基本可实现网上进行，突破了时空和地域的限制，信息交流便捷，有利于资源整合，实现整个供应链的最优化，从而获得竞争优势。林业供应链中，供应商及供应商的供应商最终要追溯到林业系统本身，可以将林业看成是供应商的供应商，但这更是一个林业生态系统与其产业系统这两大系统的整合问题。也就是说，林业供应链大系统涵盖了林业(资源)子系统与其产业子系统，并应实现协同管理。

因此，林业供应链管理是包含林业(资源)子系统与林产品供应链子系统的一种广义供应链管理，它将传统的制造业供应链管理从中间产品和最终产品的制造，拓展到可再生资源培育的环节，将营林业作为林业制造业的“第一车间”，将第一、第二和第三产业统一纳入供应链管理的范畴，是一种“泛制造业”的供应链管理。

林业供应链将生态与环境系统纳入大系统中，作为其内部的一个子系统，因而更注重产业系统和生态系统的良性互动，实现资源、环境、生态和产业系统“从苗圃到森林”的协同共生，不仅要实现森林资源的不断增长，还应实现林业产业经济的持续发展。

林业供应链的协同发展则强调供应链中各节点为了上述目标而进行的

彼此协调和联合努力，要求各节点信息共享和同步运作，要求合作伙伴在信任、承诺和弹性协议的基础上进行合作，要求进行协同的有关环节进行重新整合并无缝连接，以信息的自由交流，知识创新成果的共享、相互信任、协同决策。

近年来，林业在全国范围内得到了长足的发展，2008 年 2 月国家林业局和国家统计局联合颁布的林业及相关产业分类(试行)将林业及相关产业分为 4 个部分、13 个大类、37 个中类和 112 个小类，该分类中的小类与国民经济行业分类中的行业小类相一致(表 2－1)，对于林业供应链而言，基本上也是由这些产业构成。但林业供应链是整体供应链的概念，也就是说通常不是由某一单一产业构成，而是相关产业的结合，比如森林培育与采伐活动离不开林业管理，产出的木材可进行木材加工或造纸，供应链中必然涉及物流、信息及资金流问题，从而实现“物流”、“信息流”、“资金流”的三流合一，这是供应链的基本要求，也就是说银行等相关企业也参与供应链活动，由于林业供应链的特殊性，对于流的问题第 3 章会专门讨论。此外，供应链中可以涉及旅游等相关产业，木材林产品和非木材林产品可以相互结合。

表 2－1　林业及相关产业的分类

四大部分	十三大类
1. 林业生产	(1)森林的培育与采伐活动
	(2)非木材林产品的培育与采集活动
	(3)林业生产辅助服务
2. 林业旅游与生态服务	(4)林业旅游与休闲服务
	(5)林业生态服务
3. 林业管理	(6)林业专业技术服务
	(7)林业公共管理及其他组织服务
4. 林业相关活动	(8)木材加工及木制产品制造
	(9)以木(竹、苇)为原料的浆、纸产品加工制造
	(10)以竹、藤、棕、苇为原料的产品加工制造
	(11)野生动物产品的加工制造
	(12)以其他非木材林产品为原料的产品加工制造
	(13)林业其他相关活动

仅就行业分类而言，可以这样划分，但划分的目的不是将其分割开，

而是进行一个梳理，因为对于林业供应链的协同发展，更注重上述行业的协同运作，因为这些行业都影响整体系统的绩效(含生态效应)，某一行业的发展不能以牺牲其他行业为代价。但是社会中各企业和行业之间竞争的程度通常高于协同的程度，无论是林业系统还是经济系统中各环节间发展速率的协调和相关程度不高，因此这里的协同问题可涉及3个层面：产业内的协同(这仍可细分为企业内部的协同和外部协同)、产业间的协同，以及产业间与环境(自然环境与社会经济环境)的协同，这涉及一个研究对象的系统边界问题。

2.4.2 林业供应链系统的边界

林业供应链是一个复杂的系统，研究系统问题应对其系统边界加以明确。而这一系统边界的含义是：能够把林业供应链系统与其运行环境分开来的所有点的集合。在系统内部，能够把一个子系统和另外一个子系统区分开来的所有点的集合就是子系统的边界。透过系统边界，林业供应链系统与外界进行物质、能量、信息等沟通，并相互作用，使系统具有耗散结构特征。

确定林业供应链系统的边界后就可以研究系统外部的输入和输出，同时系统内部各子系统同样存在边界问题，这取决于研究的目的和对象，同样存在输入和输出问题，存在物质、能量和信息的交互问题，而且子系统还可以再细分为孙系统(图2.2)，边界用虚线表示，子系统未作详细边界划分。需要强调的是，这里认为系统内部是具有一定自组织特性的，包括子系统，这一观点前面已有论证，并且这个观点将贯穿本书始终，因为系统如无自组织特性，即完全由人为组织的系统不符合实际情况，更不是本研究中协同论所涉及的问题。

确定了系统边界后就应明确系统的输入和输出。对于林业供应链而言，系统的输入有两方面：一是阳光、水、气候等自然条件及其产生的物质和能量流；二是人为因素，这里主要指人为保护或破坏通过自然对系统的影响，还有政策的干预引起系统各环节(主要是企业)中的组织行为。系统的输出同样也是两个方面：一是系统带来的经济和社会效益(无论是正面的还是负面的)；二是系统带来的环境效益或生态效益。

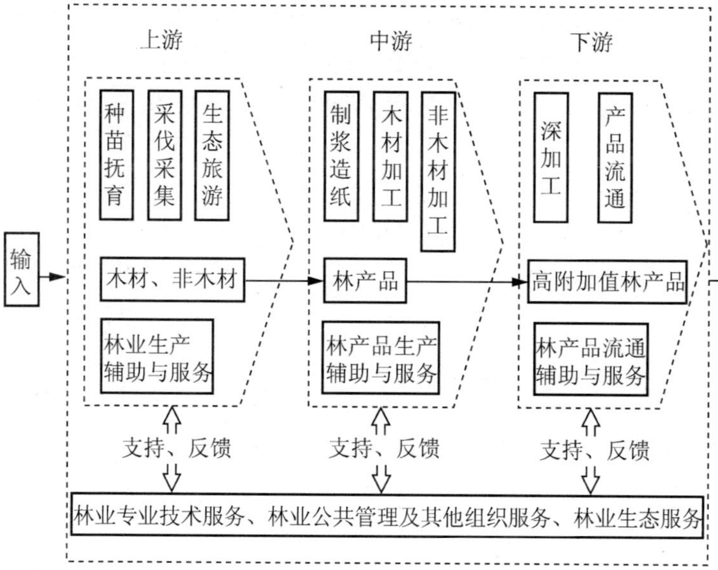

图 2.2　林业产业协同供应链的系统边界

2.4.3　林业供应链系统的结构

系统结构决定系统功能，这是系统学的基本原理。结构是系统所有要素关联起来形成统一整体的特有方式，是这些要素的一种排列组合方式。林业产业协同供应链系统与资源的联系高度密切，因此系统中各要素是以资源的投入产出流程为纽带联系起来的。以林业资源培育为起点，到最终林业产品的输出，形成了一个个林业企业、管理机构和服务机构。

在这种以资源为纽带的林业供应链系统结构中，由于不同的管理理念、经营方式，会全部或部分地改变其系统结构，从而涌现出不同的系统功能。而林业产业协同供应链系统各要素的协同化，是为了使系统结构更加优化，并产生协同效应，实质是通过改变系统结构来改善系统功能。

林业供应链系统要素至少应从两个层次给予界定：上层是各产业子系统，如种苗培育、造林抚育、森林采伐、木材加工等子系统；下层则是各个独立的林业企业、造纸企业、木材加工企业、银行及独立的管理机构、公共服务机构等。根据管理或研究的需要，还有其他可能的划分，如资金链子系统、信息链子系统等。系统的各要素受到系统整体的支配、控制，其个性可以被改造，其独立性可以被破坏或限制。通过诸要素之间的相互作用，共同形成一种新的属性和功能，进而对结构产生影响，最终在整体供应链水平上表现出来其效率。

林业供应链系统中各要素之间的关系是紧密联系、相互影响的，各子系统或其要素之间除了物质、信息、能量的交互作用以外，还有许多“回流”，这在物流中通常被认为是“逆物流”，如何正确处理是近年来的研究热点。由于林业供应链系统是一个复杂的大系统，包括的内容很多，难以一一详尽，下面给出其基本结构的示意图(图 2. 3)。

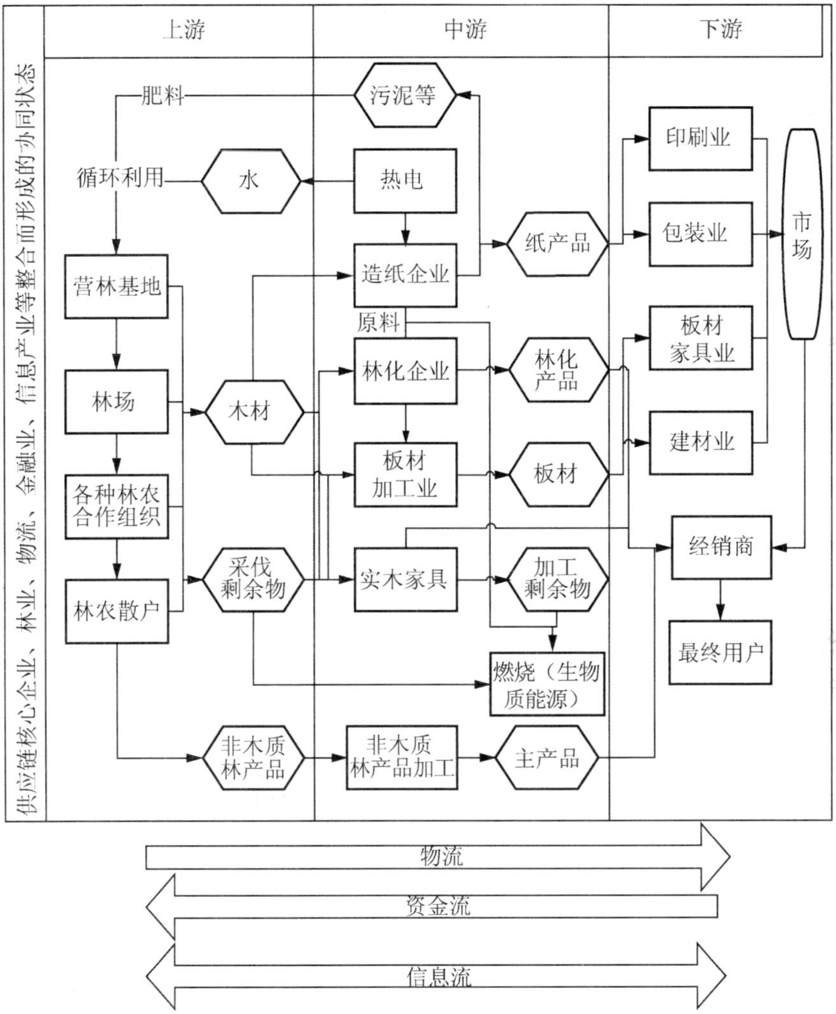

图 2. 3　林业产业协同供应链的结构示意图

第 3 章　林业供应链中流的协同机理研究

先研究林业供应链中流的协同，这是因为流的协同决定了系统的结构，也决定了流中的参与节点，相对来说更宏观一些，关于节点问题第 4 章再讨论，这些流可分为物质流、能量流和信息流。这是因为任何一个复杂大系统内部各个组元、各个环节及各个子系统彼此之间会通过物质，能量或者信息交换等方式相互作用，在系统外部、系统与外部环境之间也在不断地进行物质、能量和信息的交换。

林业供应链系统是一个复杂大系统，并主要由林业生态系统和林业产业系统这两大子系统组成。与传统的供应链研究相比，这里对流的分类有所不同，传统供应链研究大多将流分为：物质流、资金流和信息流，由于林业产业的特殊性，需要更多地对物质流和能量流分析，因此本章将其分为：物质流、能量流和信息流，这里的信息流是一种广义的信息流，包括了价格增值和资金的运动。本章把两大子系统中物质流、能量流和信息流三者综合起来一起考虑，分析物质流、能量流和信息流在流动过程中的网络结构、基本特性、相互关系和协同机理，为进一步研究奠定基础。

3.1　流的结构及其基本特性

客观现实中的大多数系统都是复杂大系统，所谓复杂大系统是由许多个具有特定功能的子系统组成的具有多元素、多层次结构的功能系统。大系统中的流就是指在大系统各组元之间发生，并把组元连接起来，构成有一定功能、一定目标、一定结构的，具有流动和传递特性的客体。例如，在大系统中存在连接物质组元的物质流、连接能量组元的能量流和连接信息组元的信息流。对于不同功能的不同组元，其组成的流结构也有所不同。任何一种流，在其流动过程中，都会在时间尺度和空间尺度上呈现出其特有的流动和传递特性。我们认为，流及流结构具有流通性、层次性、相关性等基本特性。

3.1.1 流的结构

任何系统都具有特定的结构，所谓结构是系统的各种组元在时空连续区上特定的相对稳定的排列组合方式、相互作用形式和相互联系规则，它们组成系统的特定秩序。而发生系统中的任何一种流，都是以系统中各个组元、各个子系统为连接点(节点)，并在系统中各个组元、各个子系统之间沿着特定的流动路径而形成具有一定结构的网络，将这种因流的流动而形成的网络结构称为流的流结构。值得指出的是，流结构是从不同的侧面描述系统静态物理结构中各组元的连接关系，而对于同一个系统在不同时间尺度上则描述了系统的动态行为。由于流是具有一定功能的，所以流结构除了有静态描述和动态描述之外，还要描述系统在设计、运行和控制层面要实现的功能，以达到快速反应、优化运营和科学决策的目标。也就是说，流结构由静态结构、功能动态结构组成。

对于不同的大系统构成大系统的诸要素，都可以看做是物质、能量与信息的特定组合体，并呈现出一定的层次性。对于任意一个大系统，无论是农业、工业、城建等物质生产系统，还是交通、商业、旅游、文化、生态、经济等非物质生产系统，小到一个企业，大到一个国家、一个社会系统，均可抽象为一个由物质流、能量流和信息流构成的多输入多输出系统。其中各股流以大系统中的各个元素或各个子系统为连接点，并根据各元素或各子系统之间的相互关系形成各自的流动路径，从而形成如图 3.1 所示流的网络结构。

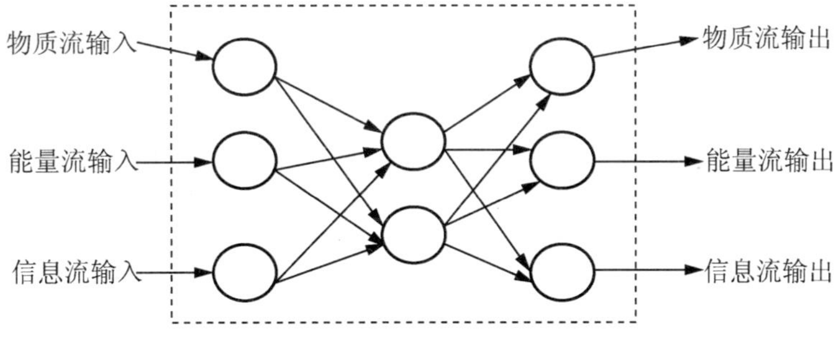

图 3.1 流的网络结构简图

图中各个圆圈表示大系统中的不同元素或子系统。当然，对于不同结构的大系统，其各股流形成的流结构是不同的。值得注意的是，即使对于同一个大系统，如果采用不同的方式或不一样的粒度将大系统划分为不同数量或不同结构的子系统，那么其各股流的流结构也不相同。显然，子系统划分得越多，流结构越复杂，但越能够清楚地描述出系统的静态及动态结构。所以，子系统的划分跟流结构是紧密相关的。一般来说，最好是按照大系统中的每个部件的功能来划分子系统，即把功能上联系比较紧密的设备划分成一个子系统。同时也需要注意的是，系统的划分并不是越细越好，而是要根据系统分析的目的和任务来选择一个合适的集成度（或粒度），即划分的规模和繁简程度。集成度越高（粒度越大），则系统所含子系统数量越少，系统中流的网络结构越简单，但反映出的信息量较少，精度较差，与真实系统的运行状况偏差较大；相反，集成度越低（粒度越小），则系统所含子系统数量越多，系统中流的网络结构越复杂，但包含的信息量较多，精度较高，与真实系统的运行状况更接近。

3.1.2　流具有流通性

物质、能量、信息三者的有机联系共同构成了世间万物及其整体，而其背后支撑和维系这种有机联系的是“流通”。相对于物质、能量、信息的流通便是前面所说的物质流、能量流与信息流。弄清楚物质流、能量流与信息流流通的运动机理及足以支撑这种运动的动力结构，即研究物质流、能量流与信息流的流通性，具有深远的理论意义和重大的现实意义。

流通性是指流结构的流通性，例如物质流结构的流通性、能量流结构的流通性和信息流结构的流通性。各种流在其流结构中流动，那么在流结构中是否拥有足够的流动路径，保证各种流必要的流通，这是大系统能否正常工作的前提条件，也是大系统可协调性的必要结构条件。所以说，流通性是一个大系统中各种流结构的基本特性，也是系统可控性、可观性和可协调性的前提条件。例如，从控制论观点来看，各种有组织的系统，都存在控制与通信过程，因此，也都是广义的控制系统和信息系统。

对于大系统的控制过程都是信息获取、传递、变换、处理、利用的过程。若要使控制系统正常工作，就应该使得控制系统的信息结构拥有足够的信息通道，保证必要的信息流通，也就是说信息结构必须是流通的。同样，对于大系统中物质流和能量流，也要保证它们的流通性。

那么如何来分析物质流、能量流和信息流的流通性呢？实际上，对于任何一种流，它的流动过程属于一种转移过程，与自然界中存在的其他转移过程，如电量的转移、动量的转移、质量的转移等有类似之处。各种转移过程应具有共同的规律：过程中的转移量＝过程的动力÷过程的阻力。

那么，流也可以相应地表示为：流＝势÷阻

“势”为驱动“流”流动的驱动力，其中“阻”为阻止“流”流动的阻力。这里的“阻”从某种意义上来说，其本质实为耗散。例如，对于简单的电能传递过程，只要存在电势差，就一定会产生电流，在该流动过程中，又会由于某些耗能元件(如电阻)的存在而发生能量的损耗。同样，在物质流、能量流与信息流的流动过程中，也有“势”和“阻”的存在。

这样，各种流的流通性就可以用“流”、“势”和“阻”的关系来描述。很显然，提高流通性的方法有：势不变，阻减小；阻不变，势提高；势提高，阻减小；势提高大，阻提高少；势降低小，阻降低多。同时需要注意的是，这里的“势”包括驱动各种流在流动过程中的所有力，而流通则是各种力的聚合作用的结果。因此，要弄清各种流流通的运动机理及提高各种流的流通性，还必须分析清楚各种流在流动过程中主要受到哪些力的驱动，以及如何使得这些力最终的聚合作用对流通性的提高贡献最大。

3.1.3　流具有层次性

现代社会的各种组织机构，各种社会经济系统、工程技术系统等复杂系统，通常都具有一定的层次性结构，下层因素受到上层因素的支配，反过来上层因素又要受到下层因素的影响。也就是说任何系统都具有多层次的结构，层次的多少因系统而异。

例如，经济系统具有宏观经济系统、微观经济系统，相应地，经济领域知识也是多层次的，如国内经济、国际经济、企业经济、个体经济等。又如对一个国家而言，其能源系统就可以分为几个层次：国家能源系统、部门能源系统、地区能源系统和企业能源系统。其中国家能源系统处于顶层，企业能源系统处于底层。同样对企业能源系统而言，又可以以班组、车间、全厂来将其分为不同层次。递阶层次结构是一种最简单也是最实用的层次结构形式。根据问题的性质和要达到的目标，可以将复杂问题层次化。即首先把问题明确化、条理化，将复杂问题分解成为不同的组成因素，并按因素间的相互关联影响和隶属关系将它们按照不同的层次聚集组合，形成一个多层次的分析结构模型。在这个模型下，复杂问题被分解为各种因素，这些因素又按其属性及关系形成若干层次，上一层次的因素对下一层次的有关因素起支配作用。一般情况下，递阶层次结构的层次数是不受限制的，具体层数要根据问题的复杂程度及需要分析的详尽程度来定。这种层次递阶的系统结构可以清晰地反映出各相关因素的彼此关系，使因素多、范围广、关系复杂的复杂问题从千头万绪之中顺理成章，便于对其进行定性和定量分析。

实际上，如果把大系统看做是由物质流子系统、能量流子系统和信息流子系统组成的，那么大系统的这种层次性结构可以说是由物质、能量和信息的流动而形成的，也就是说物质流、能量流和信息流在结构上也具有层次性。因此，推广到任意一种流，其在结构上也应具有层次性。这种层次性是对系统某种组元(例如物质组元、能量组元或信息组元)的一种静态描述。

3.1.4 流具有相关性

复杂大系统作为一个整体，是诸多子系统或元素的有机组合而不是机械的总和，其中的每个子系统乃至每个子元素都是与系统内其他部分相互关联、彼此影响的。尽管每个子系统、子元素具有自身特定的功能和特点，有时彼此间甚至是相互冲突的，但它们都要为大系统的整体功能服务。构成大系统的诸子系统或子元素是作为整体的一个特定的部分而存在，如果要把它们从整体中剥离出来，那么它们不可能完全地保存原有的性质、特征和意义。因此，可以说大系统的特定构成要素的变化必然会按照一定方式引起该系统中其他要素的相关变化。例如，大系统中某一物质流发生变化(比如物质组元种类的变化、量的变化或物质流动路径的变化等)会引起其他流动路径中物质流的变化以及伴随这一物质流而产生的能量流和信息流的变化，这就是流的相关性。同时，随着系统的发展变化，存在系统之间的相互作用和交换关系，这就不可避免地存在发生物质、能量和信息形态变异的可能，即出现新的物质、能量和信息形式的可能性。

3.2 林业供应链系统中的物质流

物质在客观世界是普遍存在的，又是处于周而复始的循环运动之中的。对于这种反复利用和循环运动的物质，称之为物质流。林业供应链系统中的物质循环是由林业生态的物流和林业产业的物流相互融合和转换组成的。

3.2.1 林业生态子系统的物质流

森林植物在同化作用中固定碳的同时，还要吸收土壤中的矿物营养元素，并将二者结合起来形成各种组织和维持生命活动。植物所需要的各种化学营养物质的流入与流出，是生物地球化学循环中最重要的部分。林业生态系统是由森林环境和森林群落两个方面构成的，林业生态的物流也就有着森林群落内部的物流和与外界环境的关系两个方面。形成外界输入—内部循环—外界输出这样的一个流程，由于林业生态系统涉及一个营林问题，这关系到人力和财力及技术等投入，其输入输出关系与林业产业系统相似，这里不再分析。

1. 物质的输入

从外界向林业生态输入的营养物质，从数量上只占林木所需的5% ~ 30%，它们对林业生态的营养状况和水平是很重要的，其来源于矿物风化、大气沉积和生物固氮。矿物风化是指岩石和矿物经过风化后形成的可为植物利用的物质，如由母质风化出来的物质按其数量可排列为：Ca（钙）> Na（钠）> Mg（镁）> K（钾）> Fe（铁）。

大气沉积是由于人为活动，大气沉积增多的各种离子，它们包括植物所需要的营养元素，或通过雨雪、或以云雾的形式，或直接沉积在植被、土壤和水体表面。

生物固氮是大气中的游离态氧分子在微生物体内由还原为结合态氮分子的过程。具有这种能力的微生物成为固氮微生物，所固定的氮素常在细胞死亡后释放到土壤中。

2. 林业生态系统内部的物质循环

林业生态系统内部的物质循环主要是森林群落和土壤之间的营养流动过程。森林植物通过根系从土壤中吸收各种营养元素，将其一部分用来建造植物的组织，同时每年又以凋落的形式及其他方式，将营养元素归还给土壤。这一循环可分为3个过程：一是养分吸收，即通过根系对土壤养分的吸收；二是养分存留，即在林木的树干、枝叶和根系中存留，并将其用于各种组织的建造和生命的维持；三是养分归还，即通过多种方式将养分归还到土壤中，其主要方式有经雨水和土壤水的淋溶，食草动物引起的去叶和通过凋落物回到土壤中去等。

森林中植物对于养分的吸收，除了通过根系与土壤微生物之间的互利共生关系来吸收外，还能从风化母岩上直接吸收。当植物的叶片直接与营养元素接触时，叶片就能吸收，如碳的吸收和气态硫、气态氮的吸收，都是通过叶片进行的，先被溶解于叶内细胞周围的水膜中，再通过溶液向细胞移动。养分一旦被吸收，就被运输到植物体的各种器官，参与各种代谢过程或储存起来。

3. 物质的输出

林业生态的物质流，主要是各种为森林植物所需要的化学营养元素的流动，而大部分的营养物质又是处于植被和枯枝落叶层及土壤之间循环的，同时也有少量的营养物质被输出到系统外部。输出到系统外部的途径主要有两条：一是随着水的流动，通过土壤剖面，流到溪流中去；二是以气体的形式流动到大气中去。对于林业供应链而言，林业生态子系统还为林业产业子系统输入木材等物质原料。

3.2.2 林业产业子系统的物质流

林业产业是以森林资源为基础，以技术和资金为手段，有效组织生产和提供林产品，即经济、生态和生产服务为一体的多元化的产业群体。它作为国民经济的基础产业，具有和国民经济发展的共同性和关联性，作为一项重要的公益事业，又有其特殊性，主要表现在森林生长周期的不正确性且时间相对较长，经济生产同林木的自然生长相结合，林业的经济性与社会公益性相结合等诸多环境因素的影响，从而使得林业产业经济发展中不可能呈线性运动，而多呈变动式运动，因此也就决定了林业产业中的物质流呈现出不定式运动的特点。

1. 物质的输入

在林业产业中，物质的输入是生产的输入，也就是生产要素的配置。一般来说，林业产业的生产要素包括土地、资金、劳力和科技。土地是林业产业中营林业生产的前提。森林资源的培育和生长，都要以一定面积和相适应的土地为依托，没有土地，营林业就无法进行，它是林业产业不可替代的最基本的生产要素，也是一种稀缺和重要要素。在我国，土地为国家所有，占用征用土地，需履行申请、审核和审批的管理程度，由相关林业主管部门审批，占用后的权属仍为国家所属。土地的数量是相对稳定的，在一定时期内对林业经济的发展也不直接。劳力是林业产业生产过程中从事生产经营活动的劳动者，它既包括直接从事生产活动的工人，也包括间接从事生产活动的技术人员和管理人员。在劳动力的配置上，强调效率优先兼顾就业。人力是生产过程中最积极的因素，通过人力与自然力的有效结合，能提高林业的生产力，获得应有的多种效益。从我国林业现状来看，劳力的供应是充分的，也是比较稳定的，但高素质的劳动者比例较少。科技是最直接的生产力，由于林业产业的主要原煤料是由林业生态系统提供的，而对科技的转化率较低，对林业经济发展的贡献也相对较小。在林业产业的生产要素的配置中，需求最大而又发挥作用与贡献最大的是资金要素。它主要来源于国家建立的林业基金制度和国家的贴息贷款。从我国林业产业的历史来看，林业经济的发展与国家对林业的投资有较密切的关系，因此可以说，资金投入是决定林业经济发展的最主要的生产要素。

2. 林业产业物质的输出

林业产业物质的输出，主要指在林业产业在投入后生产要素后生产出的产品，这些产品的分类在2.4节已经提及，这里不再重复。

3.2.3 林业生态和林业产业物质流的相互转化与耦合

林业生态物流和林业产业物流的相互转化，是林业生态与林业产业复合大系统中子系统之间内在联系与相互促进的耦合关系。林业生态的建设、森林资源的培育与保护，离不开林业产业生产要素的投入，林业产业的生产，离不开森林资源的供给。当林业产业遵循自然规律，科学地向林业生态投入生产要素越即时越适当，与自然物流紧密结合，林业生态系统物质转化功能就越强，向林业产业提供的资源就越多；林业生态向林业产业提供的木材、林产品和多种生态功能，经过林业产业的再生产过程和生产、交换、分配、消费的各个环节。可置换为林业产业扩大再生产所需要的生产要素，进行结构改革和技术创新，以所获得的物质，再投入林业生态，既补偿其一部分输出的物质外，还能使林业生态向高水平发展。目前，我国在森林资源的利用上，实行了严格保护政策，对于天然林和各种公益林，一律禁伐，可用于林业产业的主要是速生丰产用材林。从科学的营林角度来讲，森林是可再生资源，森林采伐不仅是获取木材手段，也是森林经营的重要手段，如择伐(在林木每隔若干年采伐一次成熟林木，保留中幼龄林，使林分构成维持异龄状态)有利于森林更新和森林永续利用；森林间伐在改变采用下层疏伐为采用上层疏伐，可以改变林冠的结构，增加森林垂直结构的复杂性，都可达到利用与培育两利，从这点上来讲，林业产业是典型循环经济，构成一个森林资源－林业生产－森林资源－林业生产的无限物质循环运动。

林业生态物质流和林业产业物质流是一种循环，林业生态物流是林业产业物流产生的基础。当林业生态物流向林业产业流动，就改变了森林资源的形态，加工成为社会所需要的物质产品和生态服务，供人们进行生活消费和最终产品的消费，在满足社会需要的同时，所产生的“废弃物”归还自然界，参与生态系统的物质循环，同时也有林业产业的物流向林业生态流动，转化为林业生态物流。由此可以看到，林业生态和林业产业系统的物质循环，是林业生态物流和林业产业物流的统一，两者是并存的，又是继起的，形成一个循环运动总过程，推动林业生态和林业产业再生产的扩大和发展。而要促进系统的物流畅通，实现物质良性循环，又必须保证林业生态和林业产业再生产的顺利进行和持续发展。

3.3 林业供应链系统中的能量流

能量是指做功的能力。其存在的形式：一是动能，即正在做功的能量；二是潜能或势能，即尚未做功但具有做功能力的能量。能量流是物质流的有机组成部分，但与物质流不同，物质流是循环的，而能量流则是单向的。生物圈的能量流由自然能量流和社会能量流组成。自然能量流包括太阳能流、生物能流、矿化能流和潜在能流(如潮汐能、海浪能等)；社会能量流是指自然能流被开发利用到社会经济系统中无论是正在消耗的或是储备的，都属于社会能量流。林业生态与林业产业系统的能量流也是系统物流的有机组成部分，由林业生态能量流和林业产业能量流组成。

3.3.1 林业生态子系统的能量流

1. 能量流动与规律

能量是生态系统的动力，是一切生命活动的基础。一切生命活动都伴随着能量的流动，没有能量的流动，也就没有生命和生态系统。能量储存于物质的化学键中，物质由一种化合物转变为另一种化合物时，储存于其中的能量也随之转化。能量在林业生态系统中的传递和转化过程，称为林业生态的能量流。

林业生态的能量流同其他能量流一样，也遵循热力学第一定律和第二定律。热力学第一定律也称能量守恒定律，该定律认为在自然界发展的一切现象中，能量既不能消灭也不能凭空产生，只能由一种形式转变为另一种形式，如热能转化为机械能，以电磁波形成传递的太阳辐射，经植物的光合作用转化为储存于有机物质中的化学键中的化学潜能。热力学第二定律是关于能量传递方向和转化效率的规律，即自然界的一切自然过程均伴随着能量的传递和转化，在此过程中，除一部分继续传递和做功外，另一部分将以热的形式散失。如热水逐渐变凉，高处的水流向低处，相反现象是不可能产生的，这就是能量传递的单向性；又如煤燃烧产生热，并推动发动机发电，但所产生的电能要少于燃烧中原有的化学能，这是因为煤转化的电能的效率大概只有40%，另外的60%是以热的形式消散了。由于能量的转化不是完全有效，所以林业生态系统需要不停地输入能量。

2. 能量流动的渠道

林业生态子系统中能量流的来源是太阳的辐射能，然后通过食物链渠道流动的。食物链是指生态系统中由食物关系把多种生物连接起来的一系列吃与被吃的链条。生态系统中的食物链是很复杂的，林业生态系统是多层结构，生物种类也就比较复杂，因而相互间的食物关系也就复杂得多，概括地划分，是指由生产者（自养的绿色植物）－消费者（异养生物，包括草食动物、肉食动物）－分解者（也属于异养生物，主要指细菌、真菌等微生物）形成的食物关系或营养级位。林业生态获取太阳能，首先是生产者，即绿色植物，它们通过光合作用固定太阳能，从简单的无机物质制造自己的有机物质，植物固定的太阳能或制造的有机物质成为初级生产量。在所固定的能量或所制造的有机物质中，有一部分被植物自己的呼吸消耗掉了，剩下的部分以可见的有机物质的形式用于植物的生长，这部分的生产量称为净初级生产量。净初级生产量代表植物剩下来可提供给生态系统中其他生物利用的能量。太阳能从植物的固定开始进入生态系统，就成为生物能。生物能流动的下一个营养级位是消费者。消费者由草食动物和肉食动物组成，它们自己不能生产食物，只能利用植物所制造的现成有机物质作为食物，从中得到生物能。

也就是说，它们不是直接利用太阳能，而是靠消耗植物的初级生产量。其中草食动物是直接取食于植物以获得营养的第一级消费者；肉食动物是吃草食动物的动物，属于第二级消费者。林业生态中能量流动这一途径，也被称之为牧食途径。消费者生物的生产过程成为次级生产，在次级生产过程中所形成的生产力是次级生产力。次级生产量等于动物摄取的能量减去排泄物中所含的能量，再减去呼吸过程中损失的能量。生物能流的第三个营养级位是分解者，主要是细菌、真菌或某些原生物，它们从植物落下的枯枝落叶和动物取食后的遗弃物和死亡的有机体上分解有机化合物，摄取能量，把植物、动物的复杂的有机分子还原为简单的化合物和元素，最终转化为热能，释放到环境中去，这一途径称为腐解途径。在高大的活林木中也会保留一部分能量，暂时不流动，但这些能量最终也要进入能流过程，只是经历的时间长短而已，因此是暂时储存。能量的暂时储存是必然存在的，它是生态系统繁荣程度的标志。

3. 能量流动效率

全球各种生态系统每年通过光合作用产生的有机物质约为 8.3×10^{10}t。其中，陆地生态系统为 5.3×10^{10}t 占总量的64%，而林业生态系统每年通过光合作用产生的有机物质为 2.83×10^{10}t，占陆地有机物生产总量的

53%。在能量转化效率上，林业生态系统的能量转化也是很高的，生物圈的平均光能利用率为0.2%～0.5%，一般不超过3%，而热带森林则可高达3.5%。从而林业生态系统成为全球最为重要的绿色能源，是人类今后主要利用的方向。人类生存和发展，需要提高太阳光能利用率，而提高太阳光能利用率，最为现实的重要途径，就是保护森林资源，加强生态建设，培育高转化率的植物。

与此同时也要看到，林业生态能流的效率也要受能量递减规律的制约。如前面所述，林业生态的能流是随营养级位的升高逐渐减少的，从一个营养级的净生产到下一个营养级的净生产，能量的传递效率为4.5%～17%，平均大致按10%的比率传递给下一级，大约有90%的能量在呼吸和排泄中消耗掉。林德曼和他的妻子于20世纪40年代对生态学的营养动态作了大量研究，把生态系统能量在营养级上只有10%的有效转化，称之为1/10定律。后又被称为金字塔能量流动规律，即能量转化递减率。根据这一规律，合理利用被消耗掉或未被消耗掉的生物潜能，增加生物产品的产出，将有助于提高能量的转化效率。

3.3.2 林业产业子系统的能量流

林业产业能量的来源是自然能流，主要的是太阳能流、生物能流，也需要一定的矿化能流。当自然能源被开发投入到林业产业系统中，无论是正在做功的还是储蓄着尚未做功的，都属于林业产业能量流。

林业第一产业是以培育森林为主的产业，第二产业是第一产业的延续，是森林资源综合利用和提高附加值的加工业。在这两个产业的生产和再生产中，是能量投入最大的。如营林生产，就要有大量的人力（包括人的体力和智力），相适应的肥料和机械动力等合成的社会能量的投入，进行造林地的立地条件的分析和选择，做到适地适树或改地适树，培育混交林，实施抚育间伐，择伐与更新，其目的都是为了使林木获得好的气候、土壤条件，在生长中可以充分利用光能、生物能，增加林木的透光量，扩大林木的营养空间，促进森林资源生产力的提高。在木材和林产品的深加工中，要有人的体力、智力、机械动力和各种技术手段的投入，使森林资源在形态和作用的改变上能有所创新，开发出新品种，以适应人们的多方面的需要，提高其生产力和附加值。当今科学研究发现，森林不仅可以提供大量的木本粮油，木本饲料，而且大量物种具有各种性状基因，为生物品种诞生奠定了基础，特别是生物质能源，将成为未来解决能源不足问题的战略途径。在人类处于原始社会阶段，通过采食野果、猎取野生动物和钻木取火，就开始把森林资源作为能量利用，随着今天林业产业科技水平的新进展，林业生态系统更为高级的生物能源将会不断地被开发利用，进入林业产业的能流之中。

林业产业的能量通过生产、交换、分配和消费过程，即通过生产链的各个环节，都要消耗大量的能量，未能利用的能量以热量形式散发于大气中。因而林业产业能流也是随生产链逐级减少，直到全部耗尽。由于林业产业的生态性强，比如造纸业在能量流动中曾有污染物质的产出，在技术改造后，现已相当程度上解决了污染的排放，基本实现了零排放，这是林业产业能流区别于其他产业部门的一大特点，这一点将在本书最后通过华泰的案例进行详细说明。

3.3.3 林业生态与林业产业系统能量流动的特点

林业生态和林业产业复合大系统的能量流动是林业生态中生物能流和林业产业中的社会能流的有机结合、相互转化地不断传递流动过程。由于能量是物质的组成部分，因而林业生态和林业产业复合大系统的能流总是随着物质流动，形成能流与物流两大洪流的共生相伴，所不同的是能流属于单向流动，非循环的，而且在传递中是逐级递减的。

林业生态和林业产业在生产和再生产上，都是以森林资源为载体的。前者是以生物能为动力，维系生命的生存，促进生物量的增长，提高森林资源生产力；后者是以社会能为动力，培育、保护、开发、利用森林资源，使森林资源越用越多，木材和林产品的供应越来越充分，为社会提供更多更好新特优的林产品，以满足人们生活、生产、建筑乃至医药、休闲、娱乐、保健等多方面的需要，从而也就推动林业产业的扩大和持续发展。因而，二者有亲密的因果联系和互补关系。正是这种正相关的关系才能实现耦合并融为一体。

林业生态与林业产业系统的能流，同其他能流一样，也是不断递减、逐级消耗的。所不同的是，林业生态与林业产业复合大系统是一个大规模的循环经济，对太阳光能的利用率高，转化率高，特别是生物质能源的开发利用，不会出现能源危机，随着我国国民经济的不断增长，坚持以生态建设为主的林业发展战略，才能实现可持续发展。

3.4 林业供应链系统中的信息流

对于林业供应链系统而言，另一重要的流是信息流，这里的信息流是一种广义的信息流，不但包括了一般意义上的信息传递和交互，也包括了价格增值和资金的运动，此外，从管理学的角度看信息流与物质流及能量流是密不可分的，即认为只有通过信息流才能改变和控制物质流和能量流。从流向来看，价值增值与物质流及能量流是相同的，而对于资金流，通常认为其流向与物质流、能量流是相反的，从综合研究的角度出发，这里与信息流一并介绍，而信息流的流向是交互的，这种广义的信息如果是畅通的，其价值增值资金流动也更快。对该问题的研究拓展可以与信息熵理论相结合，有兴趣的读者可参考相关资料。

3.4.1 林业生态与林业供应链系统的价值增值

价值是一个经济学概念，它是指凝结在商品中的一般人类劳动。一切商品都具有两个因素：一个是使用价值，另一个是价值。使用价值由生产商品的具体劳动创造，价值由生产商品的抽象劳动形成。生产商品劳动的具体形式是多种多样的，但它们都消耗了人们共同具有的体力和脑力，如果把劳动的具体形式撇开，它们都不外乎是一般人类劳动。这种撇开了具体形式的一般人类劳动，就是抽象劳动，它形成商品的价值。使用价值反映的是商品的自然属性，而价值反映的是商品的社会属性，即商品的价值只有通过商品交换这一社会过程来确定，即商品的价格运动来确定。因此，人类的劳动过程，是自然生态过程和社会经济过程有机结合的自然和社会相互作用的过程。在这个过程中，人通过自己有目的的劳动，把自然物(能)流变换成经济物(能)流，价值就沿着生产链不断形成、增殖和转移，并通过市场的交换关系来实现。这种商品的生产的价值形成、增值、转移和实现过程，就是价值流增值。

林业生态与林业产业复合大系统价值流的形成和增值，本质上是物化在林业生态与林业产业系统中的社会必要劳动的表现，也就是按照由社会必要劳动时间决定的价值量进行等价交换。价值流的形成和增值，一般来说要经过3个阶段：一是生产条件的准备阶段，包括林地的选择、树种的搭配、人员的技术培训、生产设备的购置、对国家各项林业政策、法规的了解、市场的调研等；二是生产阶段，劳动者通过科学的、合乎目的营造林、高技术含量的林产品加工和深加工，进行林业生态服务，开展多种经营等，消费着物化劳动和活劳动，从而把必要劳动时间物化在林业生态的培育、保护和开发利用中，在创造出新的使用价值的同时，不仅把所消耗的生产资料的价值转移到新产品的价值中去，而且劳动者在劳动过程中消耗了一定量的抽象劳动，又创造了一定量的新价值，使价值流扩大。这一阶段，是价值流形成和增值的一个决定阶段；三是产品销售阶段，也是价值实现阶段。

由于价值流的物质承担者是使用价值流，即一般的物质和能量，因此，使用价值流实质是物质形态和能量形态的融合体，这表现了经济学意义上的使用价值与价值同生态学意义上的物质流与能量流之间有着内在联系。

在生产和再生产过程中，价值是逐级增值的，但劳动者要消耗能量，物化劳动的生产过程也要消费能量，林业生态系统能量随食物链逐级递减，林业产业能量也随着生产链逐级递减，所以价值逐级增值和能量的逐级递减是同一生产过程中发生的，并融为一体的生态经济现象。

3.4.2 林业生态与林业供应链系统的信息交互

信息在自然界和人类社会是普遍存在的，林业生态中各种成分的联系是靠信息传递和交互，林业产业中各产业之间及与市场和国民经济各部门之间的联系也是如此，林业生态与林业产业复合大系统的信息传递是林业生态与林业产业之间各部分、各因子的联系与调控管理。信息传递是由多种信源、信道、信宿共同组成的多层次、多渠道构成的一个复杂的信息流。林业生态与林业产业系统的信息传递，对维持生态平衡，调节系统物流和能流的良性循环，促进系统生产力的提高和价值增值都起着重要作用。

林业生态的信息，是在某种作用下物体所显示出来种种状态，因信息产生机制、形式、作用的不同，有物理信息，化学信息、营养信息和行为信息等；林业产业的信息涉及面很广，信息需求多种多样，包括有森林资源信息、林业生产信息、社会经济信息、林业产品供给信息、林业产品信息、木材替补信息、林业市场等，在当今计算机信息技术十分发达和广泛应用的时代里，除了采用传统通信手段，主要是使用计算机。为了适应林业产业经济预测和现代化的发展需要，从20世纪70年代，许多专家就开始了这方面的专题开发研究，目前已形成了较全面和较系统的依据，确定了模型建模，并在进一步改进和完善中，其中较为完善的是FEFSS(林业经济预测支持系统)，详见张智光教授的《林业经济预测方法、模型与计算机支持系统》。

信息传递在林业生态与林业产业系统中起着中枢指挥的作用，调节和管理好林业生态与林业产业系统，驾驭人与物进行有目的、有规则的运动，使系统二者之间协调发展，掌握好信息传递是关键，从某种意义上讲，系统管理的实质是信息管理。此外，第1章提到的GPS、GIS、RS等新技术在林业生态和林业产业中的应用正在飞速发展，各种管理信息系统也得到了开发和运用，在协同管理和运作中的软件层出不穷，相应的推广方法后文将有专门研究，这除了涉及软件本身问题，更是个动态多目标的博弈问题。

3.5 林业供应链系统中流的协同关系

3.5.1 物质流、能量流和信息流的关系

一个系统的状态随时间而变动，在状态空间可以用一条线来描述，因而可以把系统状态的变化，形象地看做是一种流。那么对于任何一个开放大系统(生态的、自然的、生产过程、社会的、市场的)，在其内部各个环节之间及与外部环境之间都在不断地进行物质、能量和信息的交换，在时间和空间上形成物质流、能量流和信息流。

在各大系统中，物质流、能量流与信息流之间的关系是非常紧密的。一方面，物质流与能量流在时间上的路径反映了流动的动态关系，反映了物质与能量在各环节中流动的时间序列及在各环节中的积存与消耗。在此过程中，信息(如技术专利、情报资料和科研成果等)的不断产生、传递与利用形成信息流，并对物质流和能量流的控制、操纵、调节和管理起着极

为重要的标示、导向、观测、警戒、调控的作用。另一方面，信息流必须要以能量流或物质流为载体，进行信息的获取、传递、变换、处理和利用。在实际系统中，信息流伴随着相应的物质流或能量流，物质流或能量流也伴随着有关的信息流。信息的输入输出过程实际上是为了使得整个大系统中的物质流和能量流向有序化方向发展，从而对大系统进行有效的控制、操纵、调节和管理，以获得一些预期的目的，例如，经济最大、能耗最小等目的。所有的大系统其物质流、能量流和信息流的流动特性都是大同小异的，只是针对于不同结构类型的大系统，其物质流、能量流和信息流的具体的内容及流动路径有所不同。

3.5.2 物质流、能量流和信息流的协同关系

由于物质流、能量流与信息流之间的紧密关系，使得物质流、能量流与信息流在系统演化过程中相互联锁、彼此放大，形成一定的行为模式而引起系统行为的变化和波动，为了掌握系统的动态运行机制，以确定控制、操纵、调节和管理的具体方案，必须在系统内处理好物质流、能量流与信息流的相互作用关系。

“协同学”认为任何一个远离平衡态的开放系统在与外界有物质、能量和信息交换的情况下，通过子系统之间的协同作用，可以使整个系统形成一种整体效应，自发地出现在时间、空间及功能上的有序结构。这种整体效应是指系统的宏观性质和宏观行为并不是各子系统行为的简单机械叠加，而是由各子系统的相互作用调节和组织起来而发生的一种合作效应。这种效应常常被人们表述为“1+1>2”，也就是说系统的整体效益大于各独立组成部分之和。即整体效应是大系统中各子系统间协同效应的结果。协同学研究的是自组织过程，认为系统的有序来源于系统内部，但也不排除外界的作用。即认为系统通过不断与外界进行物质流、能量流与信息流的交换以获得外部动力；同时，通过系统内部的各组成部分的相互耦合、相互作用以形成自然约束与相互协调来产生内部动力。系统内的各组成部分在内外动力的共同作用下自发组织起来并朝共同的目标发展。

本文认为，正如哈肯所指出的，一切研究对象都是由组元、部分或子系统构成的系统，这些子系统彼此之间会通过物质、能量或者信息交换等方式相互作用。也就是说大系统中各组元(或元素)、各部分(或环节)或各

子系统之间的相互作用可以表现为物质流、能量流与信息流之间的相互作用。这样，可以把自组织过程的内外动力都与物质流、能量流与信息流联系起来，即自组织过程的外部动力是通过系统与外界环境之间进行物质流、能量流与信息流的交换而获得的，这与协同学是一致的；而内部动力，则认为是系统内部各要素、各环节、各子系统之间通过物质流、能量流与信息流的相互交换而产生相互耦合、相互协同的过程来获得的。这样一来，可以把自组织过程的内部动力与外部动力用物质流、能量流与信息流的相互作用统一起来，通过流的概念来描述大系统的状态，将大系统划分为物质流子系统、能量流子系统和信息流子系统 3 个子系统，通过物质流、能量流与信息流的协同作用使得大系统中各元素、各环节或各子系统之间形成一定的协同效应，进而推动大系统从无序到有序、从低级有序到高级有序的演化发展过程，最终获得大系统在某一特定时间、空间、功能和目标下的特定有序结构。

因此，为了使研究范围内的不同领域的大系统在不断演化发展的过程中，呈现时间上、空间上和功能上的有序，必须使得大系统内部，以及大系统与环境之间的物质流、能量流和信息流之间的相互作用关系呈现协同的关系。值得一提的是，由于在大系统中，对于物质流和能量流的控制、操纵、调节和管理必须依靠信息流的标示、导向、观测、警戒、调控作用来完成。因此，信息流在系统通过物质流、能量流与信息流的协同作用来自发形成时间、空间和功能有序状态中所起到的作用是至关重要的。所以，在研究物质流、能量流和信息流的相互协同作用时，特别要重视信息流在协同中的重要地位和作用，要充分发挥和正确利用信息流对物质流和能量流的引导和控制作用。

这里需要注意的是，根据协同学理论，为了使整个系统形成一种整体效应，自发地出现在时间、空间及功能上的有序结构，可以通过子系统之间的协同作用来达到。实际上，对于同一个系统，可以按照不同的研究目的、不同的研究方法把它看做是由多种类型不同的子系统组成的组合体。或者根据规模的大小，按照不同的粒度即组粒度、中粒度或细粒度将系统划分包含不同数目子系统的组合体。总之，不管按照什么方式来划分子系统，为形成系统的有序结构而存在的子系统的协同模式是和该子系统划分的具体情况相对应的。这样一来，同一个系统中存在的协同模式是多种多样的。例如，在研究一个城市的演化过程时，可以把该城市按照产业种类划分为许多产业子系统，也可以按照地域的区别划分为若干地域子系统，同时也可以根据该城市中所有物质流、能量流和信息流的流动情况划分为物质流子系统、能量流子系统和信息流子系统等。那么，相对应的协同模式就有产业间协同模式，地域间协同模式和物质流、能量流与信息流协同模式。由此可见，本文中所提出的关于物质流、能量流与信息流的协同模式只是系统演替过程中众多协同模式中的一种。

3.5.3 物质流、能量流和信息流的协同机理

系统在形成结构时，无论是形成组织结构还是自组织结构，都是由于系统中大量子系统之间协同的结果。由于两种协同方式的不同，研究它们的方法也不一样。通常用控制理论来研究组织结构中的协同性，而用协同学或耗散结构理论研究自组织结构中的协同性。这样，只要确定系统是组织系统还是自组织系统，就可以确定该用哪种理论来研究其协同性。然而要确定系统是组织系统还是自组织系统并不是一件容易的事，甚至有时候对于同一个系统或现象，既可以把它看做是组织系统又可以看做是自组织系统。人们在研究系统与环境关系时，发现自组织是系统存在的一种最好形式，也是系统在一定环境下最易存在、最稳定的状态，因此即使对于那些可以当做他组织研究的系统，我们也应该使其达到自组织状态。例如在生态系统中，大量事实已经证明，目前全球所面临的温室效应、臭氧层空洞、酸雨等严重威胁人类生存的环境恶化问题，都与人类在征服自然、改造自然过程中的人为“组织”有关。例如，对森林的乱砍乱伐、煤炭资源的滥采滥用等。然而值得庆幸的是，从循环经济在全球范围内的兴起来看，现在人们已经深刻地意识到应该使人类的“组织”行为限制在生态系统的自组织范围中活动。同样，在经济系统中也要按照经济规律来组织生产、安排经济活动，使经济系统处在自组织状态。鉴于此，在本论文中把所有系统都当做自组织系统来进行研究，并运用协同学理论和耗散结构理论来分析物质流、能量流与信息流的协同机理。

根据耗散结构理论和协同学，可以知道系统进化(发生质变或相变)的动力在于外界的物质、能量或信息的持续输入。协同学称外界的物质、能量或信息为控制变量。认为只有当控制变量达到某个临界值(或阈值)时，

系统中才有可能出现自组织过程，对系统中是否能够发生相变的“控制”是起决定性作用的，没有达到临界值，系统就根本没有出现相变的可能性。而相变的过程是靠由外界条件所确定的慢变量的放大过程，也就是在序参量支配下的自组织过程。也就是说系统发生相变的过程(自组织过程)同时具有外因和内因，其中外因是变化的条件，内因是产生相变的根据。下面就从系统的自组织过程来分析物质流、能量流与信息流的协同机理。

系统的进化过程(或发生相变的过程，或自组织过程)的内外因(内外动力)都与物质流、能量流、信息流的流动以及相互作用有关。为了要维持系统具有一定的稳定结构而存在，必须要与外界发生物质流、能量流与信息流的流动交换过程，也就是说只有外界向系统持续不断地输入物质流、能量流与信息流，才能使系统呈现一种“活”的状态。就像生命结构只有不断地与外界环境进行物质、能量和信息的新陈代谢才能得以维持一样。外界向系统输入的物质流、能量流与信息流总是在随时间发生变化的，当输入的这些物质流、能量流与信息流的某一或某些特性值(如流量、流速或流动势等)达到某个临界值时，将会引起系统内部各元素或各子系统之间物质流、能量流与信息流的流动路径、流动方式或相互作用发生改变，出现了多种多样的流动路径、流动方式以及相互作用，称之为物质流、能量流与信息流的流动涨落，而这些涨落又直接影响系统内各元素或子系统本身的状态以及之间的相互作用发生改变。从能量的角度来看，物质流、能量流与信息流的流动涨落引起了子系统的关联而产生的耦合能量与子系统自由运动之间的相互较量，使子系统间可能出现各种各样的涨落。这样一来，系统内出现的各种物质流流动涨落、能量流流动涨落、信息流流动涨落此起彼伏，风起云涌，它们不时地冲击系统中各个子系统，进而使得子系统间的耦合涨落相互竞争而不时地冲击整个系统。这里每个涨落都包含一定的内容或模式，都是系统可能发生的宏观状态的胚芽状态，都代表一定宏观状态的微观组态。

仔细分析一下这些系统内部涨落之间的关系，会发现它们之间具有一定的因果关系(或支配关系)：系统中各子系统之间的耦合涨落是由于物质流、能量流与信息流的流动涨落引起的，而通过前面对物质流和能量流与信息流之间关系的分析可知，物质流和信息流的流动涨落是受到信息流的流动涨落的引导和控制的。因此，认为能够发展成为波及整个系统的巨涨落将产生于信息流的各种流动涨落中。而对于信息流的流动涨落中存在快变量意义的涨落和慢变量意义的涨落。包含着快变量意义的信息流流动涨落，因为快变量的阻尼大，得不到更多信息流的响应便很快消失，这种涨落虽然数量大且出现频繁，但却仅局限于系统的某些局部，始终不能发展成为波及整个系统的巨涨落，不能形成主宰系统演化进程的主导力量。而代表慢变量的并且满足边界条件的无阻尼信息流流动涨落，虽然它们的数量比较少，而且在系统相变过程中的出现带有一定的偶然性，但只要它一旦出现便会得到邻近信息流流动涨落的响应，进而得到物质流、能量流流动涨落的响应，并逐渐扩大它的影响，从局部涨落逐渐放大到整个系统形成巨涨落，成为支配整个系统演化的主导力量。这种信息流流动涨落从无到有的逐渐放大过程，实际上就是系统从无序逐渐转变到有序状态的过程。

再把注意力放到信息流流动涨落所形成的巨涨落的放大过程上。实际上，这种巨涨落的放大过程是信息流慢变量支配信息流快变量的过程，是物质流、能量流相继伺服于序参量(即信息流)的过程，是按照信息流序参量的涨落模式驱使越来越多的物质流、能量流伺服变量的过程。随着物质流、能量流伺服变量数目的不断扩大，同时通过反馈促使信息流序参量的不断增强，这样一来，信息流序参量的强化又使得它的影响面更大更广，使被支配的物质流、能量流就越来越多。在整个转变过程中，信息流序参量从无到有、从小到大，是通过正反馈而产生的自加速作用过程。但需要注意的是，当涨落波及整个系统之后，信息流序参量值并不能无限制的增加，因此信息流序参量除了具有自加速性质之外还具有自饱和的性质。

物质流、能量流与信息流之间产生的这种协同合作是系统从无序转变为有序的内在根据，而系统中各子系统间的协同合作正是由于它们之间存在物质流、能量流与信息流所带来的相互关联力造成的，而这种关联力主要体现在信息流在流动过程中所表现出来的一种“势”的引导和控制作用上。因此可以说，系统之所以走上有序以及形成演化序列的内在原因就是在信息流支配下形成的物质流、能量流与信息流之间的协同运动。

3.5.4 信息流在流协同中的重要作用

信息流的主体是信息，信息沿一定的信息通道从发送者到接收者的流动过程中，产生的信息的收集、加工、存储、传播、利用、反馈等活动便形成了信息流。现代科学证明了信息是物质的一种属性，并且是一种迄今为止自然科学尚无法全面解释的一种特殊的物质属性。信息的功能表征着物质客体的成分、结构、状态、特性、行为、功能、演化趋势等。任何系统都是物质系统，一旦物质的信息属性被确定下来，那么物质的其他各种属性也被确定下来，特别是物质的演化趋势，即物质内部序的变化，则系统的演化趋势也将被确定下来。从人类社会的发展、经济的发展以及科技的发展进程中，都可以明显地体会到信息在其发展演化中所起到的重要作用。例如，在人类发展过程中，信息作为一种资源是社会、经济发展所必需的一种重要的、特殊的战略资源，为人类提供了一种非物质形态的社会财富。在人类社会发展的进程中，随着科学技术的迅猛发展，特别是计算机的出现和普及，使得人类所获取的信息在量和质上都发生了革命性的飞跃，同时也使人类对大量的信息进行处理、传递和利用的能力发生了质的飞跃。随之而来的就是人类越来越重视信息资源的充分利用，并将之运用于人类各种各样的生产和生活中，于是，科学技术进一步向前发展，经济继续大幅度增长，人们生活水平越来越高。可以说，人类社会经济的不断发展与信息资源利用程度和规模的不断提高有着密不可分的联系。历史也证明，世界上凡是较好地开发利用了信息资源的国家和地区，其社会经济都得到了较快的发展。同时，从各国各行业建立的各种各样的信息管理系统(如 ERP)来看，也可以发现社会各界已经认识到并承认了信息资源对社会发展、经济发展以及科技发展中的特殊价值。由此可见，信息作为一种新型的、特殊的资源，在人类社会中正发挥着越来越大的作用。

系统的动态演化过程可以用物质流、能量流与信息流之间的相互关系来描述。那么，作为物质的一种特殊属性，信息可以决定物质系统的演化趋势，也就是系统的演化过程可以由信息所表现出来的一种“势”来引导。当然，正是这种决定系统演化趋势的“势”的存在，使系统中各个元素、各个子系统之间的结构、性质、功能、相互作用等随着“势”发生变化，而这些变化的具体表现便是系统中物质流、能量流的流动变化，一旦这种“势”使物质流和能量流协调一致地向同一个方向(发展目标)流动时，物质流和能量流之间便形成了一种协同作用，进而使整个系统发生从无序到有序、从低级有序到高级有序的演化。

由此可见，信息流在物质流、能量流与信息流的协同过程中起着重要的引导和控制作用。在研究物质流、能量流和信息流的相互协同作用时，特别要重视信息流在协同中的重要地位和作用。为了充分发挥并正确利用信息流的重要作用，对大系统中各子系统之间以及大系统与环境之间的物质流和能量流得到充分和正确地控制、操纵、调节和管理，必须恰当地对信息流进行控制以充分发挥信息流的标示、导向、观测、警戒、调控作用，以进一步使得物质流、能量流与信息流之间协同。

3.5.5 林业供应链系统中流的协同机理

林业供应链系统可看成是林业生态和林业产业系统的耦合系统，是耗散结构，是一个开放系统，它通过物质、能量、信息和价值的流动与转化关系，把系统中各组成成分紧密地连接成为一个富有生命活力、自组织的有机整体。物质循环、能量流动、信息传递、价值增值是这一系统的四大功能，推动系统的运动和发展，这些流的协同机理服从于前文的基本原理，但也有其具体的含义。

林业生态林业产业的物质循环是以林业生态系统内部的物质循环为基础的，由林业生态的物流和林业产业的物流相互融合和转换组成的。林业生态的物流是生物地球化学循环中最主要的部分，在其系统内部具体体现在森林群落和土壤之间的营养循环流动过程，所吸收的养分，用以维持森林植物生命活动和生长发育。林业产业的物流，是由生产要素的投入，通过再生产过程中的生产、交换、分配、消费的各个环节到林产品的产出这一生产周期体现出来的。林业生态与林业产业二者的物流相互转化，构成一个森林资源—林业生产—森林资源—林业生产的无限循环运动。

林业生态林业产业耦合系统的能量流动是耦合系统物流的有机组成部分，所不同的是物流是循环的，能流是单一的、非循环的，而且在流动中是逐级递减的。林业生态能流是以生物能(太阳的辐射能的转化)为动力，通过食物链的渠道，维系生命的生存，促进生物量的增长，提高森林资源生产力；林业产业的能流是以社会能量为动力，通过生产链渠道，推进生态建设，为社会提供生态服务和所需的林产品，推进产业的扩大和持续发展。二者在能流上，体现的是一种互补关系，有利于促进二者耦合的协调性发展。

林业生态和林业产业耦合系统还存在信息传递和价值增值。通过物流、能流、价值流和信息流的相互作用又辩证地统一在一起，组合成为更高层次的林业生态林业产业系统，分析其中存在的必然的内在联系的客观规律性，为二者的协同进化奠定基础。同样，信息流在此系统中的作用将是重点研究内容。

第4章　林业供应链中节点协同的动力机理研究

前面从流的视角分析了林业供应链协同发展的基本原理，从本章开始的研究偏重与如何实现这一协同，通常认为供应链协同是要靠各相关节点来共同实现的，通常其协同效益大于非协同的独立效益，对于林业供应链也是如此。本章就林业供应链的协同动力机制进行了探析，研究林业供应链中节点的关系的本质是什么，为什么企业或其他环节要参加到协同供应链中去，协同的动力是如何起作用的，如何实现其协同利益预期等问题。

4.1　林业供应链中节点的相互关系

4.1.1　林业供应链中节点关系的实质

对于林业供应链而言，本研究将其看成是林业产业和森林生态的复合大系统，实现协同发展主要体现在发展林业产业的同时，更要反哺并促进森林生态的建设，实现“生态建设产业化、产业发展生态化”，进而产生 $1+1>2$ 的协同效应。

这一复合系统归根到底还是受人类行为影响的，林业产业如此，林业生态也是如此，营林最终还要落实到林农，应将“富民”与“兴林”结合起来。协同效应的直接表现是协同组织和协同行为的产生，这取决于各参与节点(政府、企业、林农等)之间的协同意愿，即必须有对协同的需求和协同的动力，在分析协同动力之前有必要先分析一下节点关系的实质，从而能抓住问题的关键。

处在供应链节点的企业主体或其他组织(如林农合作组织)之间的关系是合作与竞争并存的关系，通常认为合作、协同的效应大于竞争，而实现其关系的纽带是利益和契约。从责任、利益角度看，节点关系实质是一种委托－代理关系(principle-agent)。委托－代理关系是现代社会经济活动中广泛使用的一种契约关系，广义上讲，凡是有合作的存在就有委托－代理关系的存在。在经济领域中，有资金的委托－代理关系，产销委托－代理关系等。经济意义的委托－代理关系，被最早提出其概念的 Ross 定义为："当事人双方其中代理人一方代表委托人的利益行使某些决策权，则代理关系就随之产生。" M. Jensen 和 W. Meckling 将其定义为："一个人或一些人(委托人)委托其他人(代理人)根据委托人的利益从事某些活动，并相应地授权于代理人某些决策权的契约关系。"主动提出并能主动设计契约的一方为委托方，选择被动接受或者拒绝契约形式的一方为代理方。二者之间的关系是一种经济利益上的契约关系，是一种复杂的经济学函数关系，而不是买卖之间的固定价格关系。

在西方经济学中，委托－代理关系是一种信息不对称的交易关系，即市场关系。委托人购买的是代理人的劳动、服务或管理能力，而代理人拥有"私人信息"，委托人无法确切知道这一服务的质量和代理人的能力及其努力程度。在这种情况下，代理人可能在高质量服务的承诺下提供以次充好的服务。因此，信息不对称下的委托－代理关系可能产生两个问题：一是逆向选择，二是败德行为。

所以，林业供应链节点之间的关系从本质上说仍是一种委托－代理关系，但却不同于纯粹的市场交易中的委托－代理关系。纯市场关系是追求在一次交易中获得最大利益的一次性行为，而供应链节点关系则是企业个体理性服从集体理性，在决策时既要考虑自身利益，又要考虑对方和整体利益。

4.1.2 林业供应链中节点企业关系的特征

下面来看一下这种委托－代理关系的特征，通过对其他文献的梳理，可以认为这些特征具体表现在以下几个方面。

1. 经济利益关系

要实现林业供应链的协同发展，这种委托－代理关系是一种合作并形成联盟，参与供应链的企业或其他组织是联盟中的盟员，它们之间的关系是经济利益关系。没有经济利益就无所谓动力，但供应链节点关系有其独特的原则，即个体理性遵循集体理性原则，要求盟员限制个体理性和个体行为，考虑集体整个供应链的存在和利益，在各方相对满意的情况下做出一个有利于自身的决策和行动。因此，链节点之间的委托－代理关系是经济利益关系，但又不是纯粹个体间的经济利益关系，还包括整体利益关系、长远关系、合作协同对外竞争关系。

2. 契约激励与约束均衡

以契约为纽带，以契约保障利益的分配和风险的分担，一旦契约达成，就具备了法律效力，各自的权利、义务、目标及承诺范围就必须履行。然而，由于主客观条件的不确定性及动态变化性，双方不可能达成完备无缺、固定不变的契约条款，其原因在于：①订立完备的契约需要成本，如收集详实信息的成本；②契约的签订在前，履行在后，履行契约的过程中，内外部经济条件发生变化是必然的经济现象，难以准确预测内、外因素变化或需要花费的相应成本；③由于代理方有限理性和信息的不对称，对可能出现的败德行为的模糊性和随机性难以计入契约。因此，供应链节点间的契约具有一定程度的柔性。关系越紧密，诚信度、有序度越高，契约的柔性就越大。如果选择了一个诚信程度低、协同意识差的企业或组织加入供应链，则机会主义行为、败德行为、背信、背叛的危险就会增大。因此，设计一个激励相容的契约，并制定充分的风险防范和监控措施应对供应链的协同运行，对于实现预期协同效应是必不可少的。

3. 地位平等性

林业供应链节点作为独立的经济、主权实体，其地位是平等的。供应链中的制造商与供应商和分包商之间、供应商之间、林农组织与企业之间的权利和义务是相对应的，买方市场的特征决定了买方的主动地位和优势地位，但不意味着委托－代理双方的不对等和不平等。首先，双方均是独立的经济人实体，各自追求自身的经济利益最大化或成本最小化是永恒的主题。其次，双方均有选择的自由，委托方可以从众多的竞争者中按照自己的标准选择代理人，而代理人也可以根据自身的条件和利益预期，选择接受或拒绝委托方的委托。再次，双方能够达成共识的显性委托－代理关系的动力是能满足双方的经济利益预期，是激励和约束条件的均衡。最后，双方均可以选择退出。企业或组织的内部也是委托－代理关系，内部关系可以用行政命令等强制手段，而供应链节点之间的委托－代理关系则不能用行政命令等强制手段，只能用激励和约束机制。

4. 协同竞争性

林业供应链中的委托－代理关系是一种协同竞争关系。供应链节点是独立的利益主体，各自要追求自身利益最大化，节点之间必然存在竞争。然而，协同供应链管理思想与传统的管理思想的根本区别在于，它不是将其他节点视为竞争对手，而是看做利益相关的伙伴，为满足业主(客户)目标而共同协作，改变“0－1”模式为“1－1”模式，并实现1＋1＞2的整体效率。

5. 多阶段性和动态性

在供应链环境下，节点之间的关系不同于一般意义上的交易关系，而是一种相对较长时期和稳定的关系。它所表示出来的长期性和稳定性是相对的，可能是显形的，也可能是隐形的。显形体现在契约中，隐形则是双方的一个默契和认同。随着环境的变化和供应链成熟度的不同，这种合作关系是不断变化的，呈现出明显的多阶段性和动态性。

具体来说，林业供应链节点间的委托－代理关系，是核心制造企业与供应商、分包商、运输商、营林企业、林农组织之间的一对多方的委托－代理关系。节点企业或组织为了实现其发展目标，与各有关方签订委托－代理合同，如果代理方(例如材料供应商)由于投机行为(如材料质量以次充好或重量缩水)，使委托方利益受损，而代理方获得一次性的额外利益。在这种情况下，委托方除采取警告或道德规劝外，还可能采取惩罚措施，惩罚形式是在今后的合作中将该代理方永久排除在外，或是经济索赔。由此看来，代理方的损失则是长期的。因此，参加供应链的企业或组织为了长久的利益，也会采取积极的协同行为，这有利于长久的合作。

6. 多主体和多层次性

供应链中的委托－代理关系是典型的多任务的一对多方的代理。核心企业处于“核心”和“盟主”地位，由于其资源的有限性、项目的时限性以及功能、质量的约束性，核心制造企业会多方寻求代理，和多个供应商、分包商和运输商建立多任务的委托－代理关系，即一定是多主体参与的。

客户与核心制造企业之间的委托－代理关系为一级，核心制造企业与供应商、分包商、运输商的委托－代理关系为二级，供应商与子供应商之间为三级，即形成一个多层次的多级委托－代理关系。对于林业供应链，林木加工企业与营林企业（或其他组织）之间也是这种多主体多层次的委托－代理关系。

7. 逆向选择和道德风险并存

所谓“逆向选择”，是代理方将私有信息向委托方传递，向其表明具备高质量的产品和服务水平，委托方据此再对供应商进行资格审查和甄别。由于信息不对称，委托人无法观察到代理人承诺的可信性和其行为，代理人出于自身现实利益，可能做出有损于委托人利益的行为。

综上所述，林业供应链节点企业之间的关系实质是委托－代理关系，其核心是实现委托－代理双方各自最大利益的共同解，因此需要对林业供应链协同的利益等动因进行分析。

4.1.3 林业供应链中节点的利益分析

企业的有限理性和趋利性特点，决定了由单个企业所形成的组织都有进一步扩大其利益的倾向。供应链是由单个企业集成的松散组织，而这种组织的实质是向各成员提供普遍的、不可分割的共同利益，同时各成员企业能够从中得到高于其单独运作时的额外利益，或成本的降低，或市场的扩大。根据“X 效率理论”，市场要素的不完备使企业不能充分使用既得资源，劳动契约不完备使劳动者努力程度可变，企业员工合作精神不完备和合作信息不完备而导致企业缺失协同效率。这些都是造成企业对既得资源使用效率低的原因，称之为企业生产的“X 非效率”。依此理论，供应链作为一种虚拟式的企业组织，同样存在“X 非效率”。完善市场要素、合同要素、信息要素和合作精神诸要素，可以使资源和各节点企业努力程度得以充分发挥，从而使整个链及各企业实现“X 效率”，换言之，就是实现团体合作产生的效率大于单个企业效率的相加，即 $1+1>2$。

由于林业供应链节点企业的工作规范、工作动机、个性特征、企业文化等这些内在特征是企业所固有的，固有特性的差异和个体行为特性导致企业效率上存在差异，这些差异也影响和支配协同行为的努力程度。主导企业如何选择伙伴，各企业如何抉择是否加入到供应链中，接受协同条件以后采取的协同行为努力程度，是影响形成“X 效率”的关键因素。集体选择理论认为，参与者选择方式和选择标准是集体选择的关键要素。选择的标准应是经济利益和公平，是共同利益和个体利益的均衡。

假定林业供应链系统整体的协同利益为 S，协同成本为 C，节点企业从协同整体利益中的收益为 $S_i(i=1,2,\cdots,n)$，n 为节点企业数目，付出的成本为 $C_i(i=1,2,\cdots,n)$，则实现供应链协同共同利益的条件是

$$S > C, S > \sum_{i=1}^{n} S_i \tag{4-1}$$

即整体协同利益要大于协同成本，且整体协同利益要大于等于各单个企业的利益之和。节点企业愿意接受参加集体协同的条件是

$$\frac{S_i}{C_i} > \frac{S_j}{C_j}，并且 S_i - C_i \geqslant S_j - C_j \tag{4-2}$$

式中，S_j、C_j 是单个节点企业不参加集体协同时的利益和成本。

式4-2说明，单个企业参加集体协同时的成本效益要大于不参加时的成本效益，而且其净收益要大于等于不参加时的值。换言之，只有当参加集体协同才能得到“比较效率”或有比较成本优势时，企业才有积极性。但是如果不参加集体协同会对企业自身造成很大的预期损失，这种损失可能是显形的或隐形的，可能是直接的或间接的，可能是短期的或长期的，也可能是有形的或无形的，这时企业也会权衡利弊，积极参加集体协同。当链节点企业感到预期收益不大于协同预期或参与协同的成本较高时，也会选择放弃。鉴于各种复杂的企业特性差异，供应链协同不能像企业内部协同那样，可以采取行政命令、激励、惩罚、道德规劝等方法达到统一，而对于独立产权的企业，只能以经济杠杆为基础，辅以适当的激励以及约束机制，限制可能产生的机会主义倾向和败德行为。

4.2 林业供应链中节点协同的动力

在经济社会中，每一种行为、每一项经济活动、每一种决策的选择，都是由于行为主体受到一定动力的推动或拉动。这种动力可分为自动力和他动力：自动力是存在于企业或其他组织系统内部，系统内部各构成要素在外界影响下，产生内部协同欲望、动机和协同行为；他动力是由系统外部诱发的系统的协同欲望、动机和协同行为。

4.2.1 林业供应链中节点协同的自动力

通常认为，预期的高额收益、内部利益激励、企业家自我实现和社会责任是供应链协同的自动力，对于林业供应链而言还有林农参与协同运作的自动力，有关林农问题以后章节有专门讨论。

1. 高额收益或长远收益的预期

供应链节点企业主体的协同自动力来源于对协同利益的追求和协同利益的预期，这是最常见和最根本的动力，对于收益问题将专门进行分析。企业是以赢利为目的的经济行为主体，利润是企业生存和发展的先决条件。利益的驱动贯穿于企业经营的全过程，它是一只看不见的手，是协同的自动力本源。企业要满足顾客要求，从生产经营中获得高额利润，并在激烈的市场竞争中保持和增强核心竞争地位，是其供应链协同的自动力。

2. 企业内部利益的激励

利益激励是外部施加于行为主体的利益刺激，外部施加的推动力转化为主体的内动力。激励机制是组织者为使组织成员的行为与组织目标兼容，并充分发挥每个成员的潜能而执行的一种制度框架。它是通过一系列具体的组织行为规范和标准，以及根据组织成员的需求层次、发展期望及价值观等设计的奖惩制度进行运转的。将群体进行捆绑，只要这一群体取得既定目标的胜利，都可以得到不同程度的奖励而避免受到惩罚，这必然激发每个成员的“协同”积极性。因此，激励机制是林业供应链协同的自动力。

从现代管理角度看，运用科学的管理理论，制定有针对性的激励措施，激发人的能动性、积极性和创造性，是内部激励的首要问题。影响人的积极性的基本因素是价值观，包括社会价值观、群体价值观和个人价值观。在实际运作中，激励体现在：信用情况、信任情况、晋升情况、工资制度、奖励制度、处罚制度、参与程度和福利状况等。企业可以通过有力度的激励机制，激发企业成员及个人的活力和协同努力。

3. 企业家自我实现的愿望

企业家属于人力资源中的中坚，其需求的层次多属于社交和自我实现层次，所追求的除了物质利益之外，还有社会地位、知名度和同行业以及企业内员工的认同和信任。企业家由于渴望求新、渴求变革、冒险和成就感等心理动因所激起和驱动的开拓进取精神，在推进管理创新的过程中实现被尊重的自我价值的实现，也是林业供应链协同发展的自动力。根据马斯诺需求层次理论，自我实现是需求层次中的最高层次，所以这里只考虑企业家，不考虑员工和林农。

4. 社会责任

社会责任是指企业有义务按照社会目标和社会价值观的要求进行决策和采取行动。企业在追求自身经济利益的同时，应关注相关利益者的需要，扮演社会角色。在当今世界能源短缺的形势下，资源消耗巨大的企业降低资源消耗、合理配置资源、降低成本，这也是企业的目标之一。对于林业供应链而言，其社会责任更大，除了资源以外，还有生态方面的社会责任，研究表明森林生态对全球气候是有影响的，此外，对于提高林农收入，消除贫困等方面也是有社会责任的，因此，社会责任、社会义务也是林业供应链协同的内动力。

4.2.2 林业供应链中节点协同的他动力

他动力是指企业供应链系统之外的压力或推动力。市场竞争、信息技术推动、学习导向、知识信息共享以及先进的生产制造模式是供应链协同的他动力，对于林业供应链而言，国家的相关政策也是明显的他动力，比如林改。

1. 市场竞争

市场竞争是林业供应链协同的他动力之一。随着经济全球化的进展，市场竞争已经成为经济生活中的常态。适者生存，优胜劣汰，企业为巩固和提高竞争力，占有和扩大市场份额，市场竞争在所难免。市场竞争对供应链协同的推动表现在：其一，企业必须快捷、准确地收集并掌握市场信息，仅仅依靠企业自身力量不足以实现，而协同的优势之一则是有利于拓宽信息渠道；其二，在市场竞争中，企业要生存，就必须采用先进的技术、先进的管理模式和手段，而供应链协同是新一代的供应链管理，是一种新的理念，这就需要有新的思维、新的技术和新的方法；其三，企业面对市场竞争的压力，必须不断地学习，而协同的学习效应也是林业供应链协同的优势之一。

从企业与其上下游直接相关的企业和横向伙伴构成的供应链结构看，节点企业是由多种类型、多个企业乃至多个国家的企业构成的多层次型结构，是一个复杂系统。各节点之间存在着巨量的物料、资金和信息的流动。供应链中供应商与核心企业之间、核心企业与分包商、协作商之间存在博弈与合作，它们在追求自身利益最大化的同时，欲通过“协同”使协同效益高于非协同的效益，或协同成本低于非协同成本。各节点企业，无论处于价值链的任何位置，要在竞争中生存就必须寻找一种优势互补、资源和信息共享的途径。因此，市场竞争是一种外在压力，也是激励和动力，可以激发供应链节点企业的协同动机和协同行为。

2. 信息技术推动

第2章已分析了信息流对于供应链协同的重要性，并且认为信息流是交互的而非单向的，协同的效应取决于信息的共享程度。支持信息协同的网络技术、通信技术及电子计算机的发展和广泛应用，不仅使跨企业、跨地域协同成为可能，而且也是供应链协同的动力。各种应用软件的开发成功，如企业资源计划(ERP)、供应链管理(SCM)、供应商关系管理(supplier relation management，SRM)、供应商库存管理(VMI)、业务流程再造(business process reengineering，BPR)等，已经成为促进林业供应链协同管理的基础和推动力。

3. “学习导向”的推动

“学习导向”是相对于营销学中的“市场导向”提出的概念，对于林业供应链而言，企业自身有学习的需求，林农更有知识和技能等学习的需求，“学习型企业”是近年来提倡的管理模式，是企业的发展方向，而要实现这种状态就会对企业产生推动作用。“学习导向”认为创造性地学习、高水平地学习是企业组织获取竞争优势的关键。学习导向的3个核心是学习的承诺、开放的心态和共享的愿景，其核心是企业组织对学习所持的价值观。因此，学习导向是现代企业文化的核心，也是供应链协同的他动力。

4. 知识、信息共享

供应链协同不仅是要降低成本，提高效益，更重要的是提高满意度，实现1 +1 >2 的协同效应，其基本条件是信息的共享。信息是知识的载体，知识共享是指组织企业中的知识个体，通过共享渠道，把个体所拥有的知识转化为组织共有的知识，并为组织中所有的个体共同分享和利用，称之为共享元。

知识共享的基本效应是其经济性，知识共享能够带来规模经济效益、范围经济效益和联结经济效益，使价值增值；知识共享有利于各主体间的协调；知识共享是一种复杂的社会、心理活动，它有利于在共享中培育团队精神、责任心和诚信度的提升。知识共享是协同的基础，企业在知识共享中不断地组织学习，可以增强知识的吸收和创新能力，从而提高竞争力，因此知识共享是供应链协同的他动力。

5. 先进生产模式的推动

不同的供应链节点虽然地位不同，但有共同的目标，而目标的实现需要按照订单要求，快捷、准时、高质量、低成本完成的“制造”，必然要引入制造系统中先进的生产方式和管理模式，如敏捷制造、精益生产和准时生产等，同时林业作为“泛制造业”而言，必然涉及先进的营林方式，比如集约化管理，先进育林模式的应用，先进防病虫害技术的运用，采伐技术的改进，林业资源的综合利用等。这一切都将是推动林业供应链协同的他动力。

4.3 林业供应链中节点协同的动力机理分析

前面对节点协同的动力来源进行了分析，但是要实现林业供应链的协同发展，光有动力是不够的，要让这种动力产生作用，所以应对协同的动力进行系统分析，研究这些动力是如何在林业供应链中起作用并实现协同发展的。

4.3.1 林业供应链中节点协同动力的系统结构

本研究将林业供应链看成一个人工干预下的复合大系统，系统在不断演化和发展的过程中会受许多因素的影响，这些因素有两类：一类是作用时间短、阻尼大、衰减快，对系统的演化影响不大的，称为快松弛参量；另一类则相反并称为慢松弛参量(序参量，用于表征系统的有序化程度)。系统的演化结构由一个或几个序参量共同决定，系统处于不同状态时序参量会发生变化，当达到某一新的阈值时，会形成分支并演化成另一新系统或动态稳定结构。对于许多子系统组成的大系统，子系统之间是相互作用的，并且不同子系统序参量的物理意义也不同。

对于林业供应链而言，协同效应的直接表现是协同组织和协同行为的产生，这取决于各参与节点的协同的需求和协同的动力(自动力和他动力)。此外，这还需要协同利益分配方案的契约，而协同的运行则是实现协同利益的过程和协同一致的实践过程，也是契约的履行过程，这还需要有与之相适应的协同支持保障和协同风险防范系统。

因此，可以将林业供应链大系统分为：协同动力、协同激励约束、协同支持保障、协同风险防范与协同运行5个子系统，研究其相互依赖、相互制约、共同作用的关系，通过协同学有关理论和方法进行分析，找到系统处于不同状态时的序参量，比如某特定时期是协同动力方面的序参量，通常与利益或压力有关，而另一时期则体现为风险方面的问题，从而找出影响系统变化的主要控制因素，进而明确系统协同发展的实现路径和机制。图4.1为协同动力的系统结构。

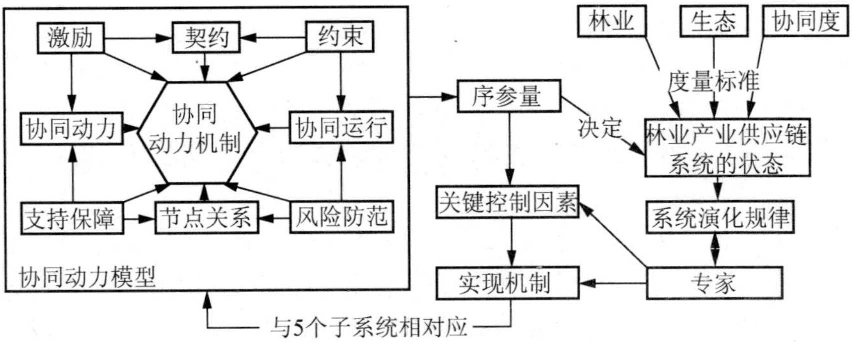

图4.1 协同动力的系统结构

此外，需要从总体上对林业产业和森林生态复合大系统的状态进行分类，以便分析系统处于什么状态，会向哪里发展。可以对不同研究地区，在纵向和横向比较的基础上，运用统计学的聚类法对系统的状态进行分类，分类标准为林业产业发展水平、森林生态状况、协同程度等。

4.3.2 林业供应链中节点协同动力对系统稳定性的影响

这里基本的研究思路是先建立协同动力模型主要为了找到序参量，建立系统的主方程和辅助方程(如 fokker-planck 方程)并分析，基本思想是系统处于某状态的概率为增加和减少两方面的概率流之和，分别对有关参量(组合)进行调整，当参量处于某阈值时系统可能会失稳并在其他状态下稳定，观察并分析系统的演化情况从而找到序参量。由于序参量是关于状态的参量，而这一状态的形成是与动力有关的，因此还要作进一步的动力机理分析。

下面先来看这一系统的主方程，对于林业供应链的节点而言，之所以能够通过要素之间的协同合作，实现 1 + 1 > 2 的双赢效应，可以借助协同演化方程进行解释。协同学用定量方法研究复杂系统的结构或行为的演化，可有以下形式：

$$\dot{q} = N(q,\ \alpha) + F \tag{4-3}$$

式中：q 为序参量，状态向量；N 为非线性函数向量驱动力；F 为随机涨落力；α 为控制参数。

演化模型是包含系统参量 q 及其不同阶导数的方程或方程组，适当选择描述系统的参量，通过求解状态变量对时空的依赖关系，即可研究系统的演化行为和演化结果。协同学研究协同系统在外参量的驱动下和在子系统之间的相互作用下，以自组织的方式在宏观尺度上形成空间、时间或功能有序结构的条件、特点及其演化规律。协同系统的状态由一组状态参量来描述。这些状态参量随时间变化的快慢程度是不相同的。当系统逐渐接近于发生显著质变的临界点时，变化慢的状态参量的数目就会越来越少，有时甚至只有一个或少数几个。

这些为数不多的慢变化参量就完全确定了系统的宏观行为并表征系统的有序化程度，故称序参量。那些为数众多的变化快的状态参量就由序参量支配，并可绝热地将它们消去。这一结论称为支配原理，它是协同学的基本原理。序参量随时间变化所遵从的非线性方程称为序参量的演化方程，是协同学的基本方程。演化方程的主要形式有主方程、有效朗之万方程、福克 - 普朗克方程和广义京茨堡 - 朗道方程等。

下面给出随机变动模型相应的主方程，它是当一个粒子(随机事件)在做向前或向后的随机运动时，概率分布随时间变化的方程。

如果用 $P(m, n+1)$ 表示粒子跳动 $n+1$ 次后处于 m 点的概率，$W(m, m+1)$ 表示单位时间的跃迁概率，则有如下主方程形式，它也是大量随机事件所遵从的必然规律。

$$\frac{\mathrm{d}P(m, t)}{dt} = W(m, m-1)P(m-1, t) + W(m, m+1)P(m+1, t) - [W(m+1, m) + W(m-1, m)]P(m, t) \tag{4-4}$$

进一步地，考虑随机运动的粒子而无记忆的马尔可夫过程则有

$$P_{t3,t1}(m_3, m_1) = \sum_{m2} P_{t3,t2}(m_3, m_2) P_{t3,t1}(m_2, m_1) \tag{4-5}$$

当然，由主方程还可以导出伊辛方程和扩散方程。此外，主方程的线性化后代数方程为

$$\sum_{n=1}^{N} W(m,n)P(n) \cdots P(m) \sum_{n=1}^{N} W(n,m) = 0 \tag{4-6}$$

下面给出其他几种主方程的形式，描述布朗运功的朗之万方程为

$$\frac{\mathrm{d}V}{\mathrm{d}t} = -\alpha V + F(t) \tag{4-7}$$

它是具有阻尼，又有随机力的一阶微分方程。其解为

$$V(t) = \int_0^t \exp\ [-\alpha(t-\tau)]F(\tau)\mathrm{d}\tau + V(0)\exp\ (-\alpha t) \tag{4-8}$$

把对布朗运动的随机分析和关于粒子运功的动力学描述用概率分布的方法可以导出 fokker-planck 方程。

$$\frac{\mathrm{d}f}{\mathrm{d}t} = \frac{\mathrm{d}}{\mathrm{d}t}(\gamma qf) + \frac{1}{2}Q\frac{\mathrm{d}^2 f}{\mathrm{d}q^2} \tag{4-9}$$

在林业供应链中，考虑到外界干扰和随机因素，建模时可以引入漂移因子和涨落因子，通常在确定序参量时可采用绝热消去法，通常用计算机辅助进行编程计算，一般来说实现的步骤如下。

（1）作稳定性分析，假定对某控制参量 M 已求出解 $\dot{q}_0(M_0)$，并假定当控制参量变化时，仍有解 $\dot{q}_0(M)$。此解就是要求的解，大家知道，在很多情况下，它是不稳定的。因此，给出一个小微扰，将方程展开，这里作的是线性稳定性分析，因而二阶以上的项就忽略了。

（2）分解控制参量，因为假定解的存在，所以引入新的变量，把 $\dot{q}$ 分为稳定和不稳定两部分，即 $\dot{\xi}_s$ 为稳定模，$\dot{\xi}_u$ 为不稳定模。

(3) 绝热消去，用协同学的绝热消去法消去稳定模，由于研究的林业供应链系统不可能也不必要求出十分精确的解，所以绝热消去法虽然是一种近似的方法，但能满足研究的需要，这样就把高维问题归结为低维问题了。

(4) 对留下的不稳定模，研究它的定常态和迅变过程。

4.3.3 林业供应链中节点协同动力对系统演化的影响

用上述方法可以分析系统的稳定性并可以找出系统的序参量，下面对影响序参量变化的动力机理作进一步分析，进而可分析其对系统演化的影响，研究如何实现供应链的协同。对于林业供应链而言，设 $X(t)$ 为系统效益，N 为其理想值，即最大值，设其效益的变化与其增长成正比，并令 $F=0$，则式(4-9)可转化为 logistic 方程，即

$$\frac{\mathrm{d}X(t)}{\mathrm{d}t}=kX\left(1-\frac{X}{N}\right) \tag{4-10}$$

式中：k 为协同效益增值系数，在一定的技术条件和资源条件下，取决于子系统之间的协同程度；X 为随时间增长的动因子，也就是要研究的动力因素；$\frac{X}{N}$ 为系统效益与理想值之比，并将此定义为效益增长加速度；$1-\frac{X}{N}$ 为随时间减少的阻滞因子。

式(4-10)表明，林业供应链系统存在正、负反馈作用，它具有非线性特征。当 $k>0$，$N>0$ 时，式(4-10)的解为

$$X=\frac{N}{1+C\exp\left(-\frac{k}{N}t\right)} \tag{4-11}$$

式中：C 是由初始条件决定的常数，当然也可以是其他形式的函数。

下面用 logistic 方程分析林业供应链系统的协同动力对协同效应的影响机理。为分析问题方便，这里假定供应链系统是由只有两个节点构成的，如由一个供应商 C_1 和一个核心制造企业 C_2 构成，对于林业产业而言，供应商通常是营林企业或其他组织。根据演化方程式(4-10)，有如下方程：

$$\begin{cases}\dfrac{dX_1(t)}{dt}=k_1X_1\left(1-\dfrac{X_1}{N}\right)\\ \dfrac{dX_2(t)}{dt}=k_2X_2\left(1-\dfrac{X_2}{N}\right)\end{cases}\tag{4-12}$$

设 λ_1 为供应商 C_1 的协同行为对制造企业 C_2 协同效益的贡献，λ_2 为 C_2 的协同行为对 C_1 协同效益的贡献。当双方建立协同关系时，可以通过信息和资源的共享以及各自的协同行为，影响对方的协同利益，并且起正向作用，因而 $\lambda_1>0$，$\lambda_2>0$，于是有以下方程：

$$\begin{cases}\dfrac{dX_1(t)}{dt}=k_1X_1\left(1-\dfrac{X_1}{N_1}+\lambda_1\dfrac{X_2}{N_2}\right)\\ \dfrac{dX_2(t)}{dt}=k_2X_2\left(1-\dfrac{X_2}{N_2}+\lambda_2\dfrac{X_1}{N_1}\right)\end{cases}\tag{4-13}$$

当其形成稳定的协同状态时，系统处于稳态，即式(4－13)为零，得到

$$\begin{cases}f_1(X_1,\ X_2)=\dfrac{dX_1(t)}{dt}=k_1X_1\left(1-\dfrac{X_1}{N_1}+\lambda_1\dfrac{X_2}{N_2}\right)=0\\ f_2(X_1,\ X_2)=\dfrac{dX_2(t)}{dt}=k_2X_2\left(1-\dfrac{X_2}{N_2}+\lambda_2\dfrac{X_1}{N_1}\right)=0\end{cases}\tag{4-14}$$

解式(4－14)方程，得到平衡点 $A_1(0,\ 0)$，$A_2(N_1,\ 0)$，$A_3(0,\ N_2)$，$A_4\left(\dfrac{N_1(1+\lambda_1)}{1-\lambda_1\lambda_2},\ \dfrac{N_2(1+\lambda_2)}{1-\lambda_1\lambda_2}\right)$。将式(4－14)在平衡点 $A(X_1^o,\ X_2^o)$ 处以泰勒级数展开，略去二次及二次以上各项，得到

$$\begin{cases}\dfrac{dX_1(t)}{dt}=k_1X_1\left(1-\dfrac{2X_1}{N_1}+\lambda_1\dfrac{X_2}{N_2}\right)(X_1-X_1^o)+k_1\lambda_1\left(\dfrac{X_1}{N_2}(X_2-X_2^o)\right)\\ \dfrac{dX_2(t)}{dt}=k_2X_2\left(1-\dfrac{2X_2}{N_2}+\lambda_2\dfrac{X_1}{N_1}\right)(X_2-X_2^o)+k_2\lambda_2\left(\dfrac{X_2}{N_1}(X_1-X_1^o)\right)\end{cases}\tag{4-15}$$

其系数矩阵设为

$$\boldsymbol{B}=\begin{vmatrix}k_1\left(1-\dfrac{2X_1}{N_1}+\lambda_1\dfrac{X_2}{N_2}\right) & k_1\lambda_1\dfrac{X_1}{N_2}\\ k_2\lambda_2\dfrac{X_2}{N_1} & k_2\left(1-\dfrac{2X_2}{N_2}+\lambda_2\dfrac{X_1}{N_1}\right)\end{vmatrix}\tag{4-16}$$

将平衡点 A_1，A_2，A_3，A_4 值代入矩阵 **B** 中，可知 A_1，A_2，A_3 是不稳定平衡点。由于 $0<\lambda_1<1$，$0<\lambda_2<1$，故有 $0<\lambda_1\lambda_2<1$，因此平衡点 $A_4\left(\frac{N_1(1+\lambda_1)}{1-\lambda_1\lambda_2}, \frac{N_2(1+\lambda_2)}{1-\lambda_1\lambda_2}\right)$是稳定平衡点。当供应链系统处于稳定平衡点时，供应商 C_1 的协同效益为$\frac{N_1(1+\lambda_1)}{1-\lambda_1\lambda_2}>N_1$；而核心制造企业 C_2 的协同效益为$\frac{N_2(1+\lambda_2)}{1-\lambda_1\lambda_2}>N_2$。此时双方均实现了协同效益大于不参加协同供应链时的效益，这正是林业供应链节点通过信息共享、资源互补，并通过相互的协同一致，使林业供应链由无序实现有序，从而达到“双赢”的动力机理。

第5章　林业供应链节点协同的博弈机理研究

协同效应的直接表现是节点之间协同组织和协同行为的产生，前面分析了林业供应链节点协同的动力机理，而协同组织和协同行为的本质是协同合作，只要是合作就会涉及博弈问题(当然竞争也涉及博弈)，而这里的博弈是一种合作博弈，下面将从静态和动态以及多目标等方面进行分析。对于林业供应链而言，还涉及林农的合作，本章也将作专门分析。

5.1　林业供应链节点的静态合作博弈研究

5.1.1　林业供应链节点合作博弈内涵

博弈论是研究决策主体行为相互作用以及决策均衡问题的一门学科，它的基本概念包括局中人、战略、支付、行动、信息、结果和均衡，以上也是一个完整博弈的基本要素。博弈论依据当事人是否达成具有约束力的协议分为合作博弈和非合作博弈，合作博弈是指参与者从自己的利益出发与其他参与者达成协同或形成联盟，其结果对双方均有利；非合作博弈是指参与者在行动选择时无法达成约束性的协议。可见，合作博弈强调团体理性、效率、公平；非合作博弈论强调个人理性、个人最优决策。

供应链是围绕产品或服务全过程组建的价值链条，作为链主企业，要提升自身企业的效率和效益，首先要提升整个供应链的效率和效益，这就需要与合作伙伴协商和合作，以链主企业的理性来公平地对待伙伴，创造一种和谐的氛围。这种和谐氛围中的分工与交换的经济活动，就是一种合作性的博弈。当今，供应链协同运作更强调伙伴间的协同商务理念，即链主企业与合作伙伴协同预测市场、协同采购、协同研发、协同制造，协同整个产品生产和服务的全过程，不但协同行为有先后顺序，更重要的是协同行为是透明的。所以，供应链伙伴间的合作博弈又是动态的，可以称其为动态合作博弈。但为了研究问题方便，先讨论静态的情况。

对于林业供应链节点而言，静态的合作博弈的研究主要是探求均衡解，来揭示供应链伙伴合作在何种条件下都能带来整个供应链相对于不合作时的最大收益，以期望能从博弈的视角，观察各节点（合作伙伴）如何在分工与合作的经济活动中达到均衡。

5.1.2 林业供应链伙伴静态合作博弈模型

林业供应链中的合作关系可以定义为节点企业或组织之间，在一定时期内的共享信息、共担风险、共同获利的一种协议关系。这种合作关系，形成于林业供应链中为了特定目标和利益的伙伴企业之间，这种合作关系从总体上可概括为供给方和需求方之间的关系，实际经济活动中通常表现为供应商和生产商、生产商和销售商、生产商和客户之间的关系。对于林业产业还涉及营林企业，为了研究问题方便，先将其看成原料供应商。下面以两个节点为例讨论这一问题，这两个节点不妨取营林企业（供应商）和生产商，研究其合作与否的情况。具体的合作模式后面会有专门介绍，这里选择营林企业为林场，生产商为造纸企业，双方的合作为林纸一体化。

1. 双方不合作的成本—收益

在博弈论中，双方不合作是指参与者在行动选择时无法达成约束性的协议，也就是说至少有一方不合作的收益大于合作的收益。为简化研究过程的复杂程度，并考虑切合企业实际，这里首先给出基本假设：①局中人为只有一个林场和一个造纸的供应链情况；②林场只有一种产品——林木，林木的生产是有成本的，并且这是造纸企业的原料；③虽然林场不断轮伐，不断种植，但林木的供应有明显的周期性和间断性，不妨设为每年供货一次；④造纸企业对原料的需求在时间上是均匀分布的，且需求是连续的；⑤采伐后的林木造纸企业存储，单位存储费用不变，且缺货成本大。

在不合作的情况下，林场的年收益 Y_{l1} 为

$$Y_{l1} = P_1 Q_{l1} - C_{l1} \tag{5-1}$$

式中：P_1 为林木的价格；Q_{l1} 为林木年产量；C_{l1} 为年总成本。

对于造纸企业，由于目前的林木原料市场供小于求，存在一定的缺货风险，这种情况下一方面减少了产量，降低了收益；另一方面得罪了客户，这可以看成是增加了成本，而由于造纸企业的特殊性，机器开机和关

机的成本很大，所以通常是连续生产作业的，在缺料的情况下也不关机，也就是说并不因为缺料而减少生产成本。此外存储场地自营，并不因为缺料面减少存储成本。由于造纸企业通常设在离林地不远处，运输成本的变化忽略不计。因此，造纸企业的年收益 Y_{z1} 为

$$Y_{z1}=P_zQ_{z1}(1-\rho)-(1-\rho)P_1Q_{l1}-C_{z1} \quad (5-2)$$

式中：P_z 为纸张价格；Q_{z1} 为纸张年产量；ρ 为缺货的概率。

现实中体现为林场的林木不完全卖给造纸厂，其中卖给其他公司的比例为 ρ，而造纸厂只有拥有林场全部的林产品才能不缺料，C_{z1} 为包括存储成本和缺货成本在内的年总成本，并有以下关系：

$$Q_{z1}=kQ_{l1} \quad (5-3)$$

即认为纸张的产量与林木原料成正比关系，k 为比例系数。

$$C_{z1}=C_s+C_c+\rho C_q+C_n \quad (5-4)$$

式中：C_s 为生产成本；C_c 为存储成本；C_q 为缺料成本；C_n 为其他成本。

2. 双方合作的成本—收益

由于合作模式很多，先以订单林为例分析，其他的合作模式也可以相应展开。订单林业是指由出资方出资给林地使用者，通过一定的法律程序按一定的金额支付后，在主伐时后者以约定数量的木材作为回报，其余剩余木材再按市场价格卖给投资方的一种合作造林模式。这种方式不等同于委托造林，主要在于公司一方面要投入资金，另一方要进行技术指导，对于林农，一方面投入了林地，另一方面投入了劳动，是一种双方都投入劳动的合作行为。

这种情况下，由于林场的林木全部供应造纸企业，造纸企业的缺货风险为零，但造纸企业事先投入资金，也投入了技术，相应地增加了成本。对于林场而言，由于事先得到了资金，得到了技术，可以降低成本，扩大产量，但由于以约定数量的木材作为回报，通常会降低一些收益。

此时林场的年收益 Y_{l2} 为

$$Y_{l2}=M+(1-\lambda)P_2Q_{l2}-C_{l2} \quad (5-5)$$

式中：M 为造纸企业事先支付的订金（为简化问题，不考虑货币时间价值）；λ 为事先约定木材的补偿比例（当然也可以约定数量而不是比例）；P_2 为林木的市场价格。

由于可供木材有限且全部供应造纸厂，所以可能此时的价格会高于

P_1，Q_{l2}为木材年产量，由于得到了技术，产量可能大于 Q_{l1}，C_{l2}为总成本，同样应小于 C_{l1}。

此时造纸企业的收益 Y_{z2}为

$$Y_{z2}=P_zQ_{z2}-M-(1-\lambda)P_2Q_{l2}-C_{z2} \tag{5-6}$$

式中：C_{z2}为总成本。

由于没有缺货风险，成本应小于 C_{z1}，但由于增加了技术上的投入，所以总成本的大小应视实际情况而定。

3. 造纸方合作，营林方不合作的成本—收益

这里的不合作主要指违约，因为只要一方不合作就不能签合同，从而回到第一种状态，即双方都不合作，而违约通常应有相应的处罚。对于林场而言，违约行为通常是不以约定数量的木材作为回报，而以市场价格卖出，这样可以获得更高的收益，当然相应的代价是退回订金并受到处罚，作为法律规定，如果是“定金”则应加倍返还，而订金则不一定。另外，无论是实践中还是其他文献中“订金”和“定金”都有出现，这里统一称“订金”。

此时，林场的年收益 Y_{l3}为

$$Y_{l3}=P_2Q_{l2}-C_{l2}-F_l \tag{5-7}$$

式中：F_l 为处罚的金额。

相应地，造纸企业虽然收回了订金并得到相应的补偿，但是投入的技术无法收回，另外前面说的缺货风险再次出现，所以此时的收益 Y_{z3}为

$$Y_{z3}=P_zQ_{z2}(1-\rho)+F_l-(1-\rho)P_2Q_{l2}-C_{z3} \tag{5-8}$$

这里有一个假定，就是缺货的概率ρ不变，当然也可以变化的，此外，此时的总成本由于投入了技术，所以比 C_{z1}要大。

4. 营林方合作，造纸方不合作的成本—收益

这就是造纸方违约的情况，由于造纸厂对原料依赖性强，所以这种情况比较少见，如果有通常表现为信息不对称下的欺骗行为，有关更深入的研究见本章后面部分，这里主要讨论另一种情况，即造纸方不实质性投入技术的情况，这主要是可能因为投入技术的花费太多，或是不掌握相关技术，而学习的成本太高等情况，此时也有相应的处罚。

此时，林场的年收益 Y_{l4} 为

$$Y_{l4} = M + F_z + (1-\lambda)P_2Q_{l1} - C_{l1} \tag{5-9}$$

式中：F_z 为造纸企业的处罚金额。

相应造纸企业的收益 Y_{z4} 为

$$Y_{z4} = P_zQ_{z1} - M - (1-\lambda)P_2Q_{l1} - F_z - C_{z4} \tag{5-10}$$

这种情况下，造纸企业虽然支付了相应的罚金，但是其总成本 C_{z4} 中既没有缺货风险，也没有技术投入，是所有情况中最小的。

根据以上分析，不难得到双方博弈收益矩阵(表 5-1)。

表 5-1　营林方和造纸方博弈的收益矩阵

收　益		造纸方：不合作	造纸方：合作
营林方	不合作	Y_{l1}，Y_{z1}	Y_{l3}，Y_{z3}
	合作	Y_{l4}，Y_{z4}	Y_{l2}，Y_{z2}

5.1.3　林业供应链伙伴合作博弈均衡解的实现条件

依据博弈均衡理论，合作双方可以在上述 4 种情况中的任一情况达到均衡，而研究的是协同发展问题，也就是说要实现双方都合作，而博弈要达到双方都合作的均衡解需要以下 4 种条件。

(1) 看合作是否能产生出优于不合作的结果。

(2) 双方可能合作的原因是一种激励机制，对合作不利的一方进行一定的补偿从而促使供应链双方合作。

(3) 导致合作出现的原因是由于双方可能再次相遇，对未来的期望和担心将影响决策者的选择，显然决策者完全能够预见到同样或类似的情境将再次出现在双方的未来博弈中，因而促使决策者选择合作。在供应链中，供需双方的合作一面是它们有共同拓展市场的需要；另一面是双方可能在市场中再次相遇。从这个意义来看，选择与对方合作是着眼于未来长远利益，既是合作博弈的要求，也是明智之举。

(4) 对实施非合作策略的背叛行为进行惩罚，即均衡是通过惩罚任何一个博弈者的不合作行为来实现的。在现实的供应链经济活动中，对非合作策略的背叛行为的惩罚，则是通过不合作带来的负面效应的影响来实施的。

根据前文分析，合作的收益应比不合作的大，但可能存在违约，所以具体到合作方式中要实现双方都合作则要关注以下方面：①造纸企业支付订金的金额；②约定回报木材的数量；③技术投入的难度和投入金额；④技术投入对营林的影响程度(可分别从增加产量和减少成本两方面看)；⑤原料的市场变化情况；⑥造纸厂的缺货成本；⑦对双方违约处罚的力度。只有在这些变量设计合理时才能实现双方合作的状态，而这些变量的设计是组合中变化的，具体设计时应根据实际情况而定。

5.2 林业供应链节点合作关系的进化博弈研究

以上分析基于合作双方均为理性人的假设，即双方均能非常明确各种结果的收益，但是林业供应链系统是一个复杂的系统，合作中会受许多因素的影响，而且各局中人的理性程度是不一样的，对信息的掌握程度也不一样，因此需要引入演化博弈论来分析这一问题，从而解释合作中的不稳定且失败率高的现象，并分析其影响的关键因素。

5.2.1 问题描述及相关假设

基于资源整合和协同理论，并依据他们目标的正相关性而建立起来的网状供应链联盟伙伴企业之间的关系首先是合作关系。没有合作关系就不可能有联盟的出现。如果盟友企业在联盟运作的过程中能采取合作的态度，那么供应链联盟则趋于稳定；如果盟友企业采取非合作的方式，供应链联盟则将趋于破裂。同时，现实中的企业在组成联盟的过程中，不管各博弈方的理性程度如何，他们都面临一个学习进化的过程。

在讨论中，假设如下。

(1) 供应链联盟中的盟友企业都是有限理性的，也就是说，所有的盟友企业有一定的分析能力和对不同策略效果的事后判断能力，但没有事前预见或预测能力。

(2) 伙伴企业 A 和伙伴企业 B 合作建立供应链联盟，且其报酬率分别为 λ_1 和 λ_2。

(3) V 是联盟的总收益，C_1 和 C_2 分别为企业 A、B 的合作成本，也可以叫做联盟的代价，$C=C_1+C_2$ 为联盟的总合作成本，$C_1>0$，$C_2>0$，显然 $V>C$。

为简化问题，认为企业选择不合作的收益为零，当然也可以根据实际情况写成与5.1节相近的表达式，则两个企业合作的静态博弈模型的得益矩阵见表5-2。

表5-2　静态博弈的得益矩阵

收　益		企业B	
		不合作	合作
企业A	不合作	0，0	0，$-C_2$
	合作	$-C_1$，0	$(V-C)\lambda_1$，$(V-C)\lambda_2$

下面将在对称和非对称两种情况下，利用进化博弈理论分别研究供应链联盟伙伴合作关系的演化过程。

5.2.2　对称情况下的供应链联盟伙伴关系的进化博弈

现考虑两个合作伙伴的合作成本和收益均相等的对称情形。根据对称性，联盟中两个伙伴的静态合作博弈模型得益矩阵见表5-3。

表5-3　对称情况下静态博弈的得益矩阵

收　益		企业B	
		不合作	合作
企业A	不合作	0，0	0，$-C/2$
	合作	$-C/2$，0	$(V-C)/2$，$(V-C)/2$

假设联盟中的伙伴企业A、B选择合作的概率均为x，则对于任何一个伙伴，则其选择合作的收益期望值Y_1及选择不合作的收益期望Y_0分别为

$$Y_1=x(V-C)/2-C(1-x)/2=(xV-C)/2 \tag{5-11}$$

$$Y_0=0 \tag{5-12}$$

考虑所有合作伙伴的在博弈中的对称性，则博弈中所有合作伙伴的平均收益$\overline{Y}$为

$$\overline{Y}=xY_1+(1-x)Y_0=(x^2V-xC)/2 \tag{5-13}$$

构造联盟伙伴博弈方的复制动态方程为

$$F(x)=\frac{\mathrm{d}x}{\mathrm{d}t}=x\ [Y_1-\overline{Y}]\ =-\frac{x}{2}(Vx-C)(x-1) \qquad (5-14)$$

令 $F(x)=0$，得到 $x=0$，$x=C/V$，$x=1$ 均为稳定状态。但考虑到进化稳定策略（ESS）的抗扰动性，在数学上要满足 $F(x)'$ 小于零，对式(5－14)求导，得

$$F(x)'=-3\frac{Vx^2}{2}+(C+V)x-\frac{C}{2} \qquad (5-15)$$

得到

$$F(0)'=-\frac{C}{2}<0 \qquad (5-16)$$

$$F(\frac{C}{V})'=\frac{-C^2+VC}{2V}>0 \qquad (5-17)$$

$$F(1)'=\frac{C-V}{2}<0 \qquad (5-18)$$

因此 $x=0$，$x=1$ 为进化稳定策略。用相位图表示如图 5.1 所示。

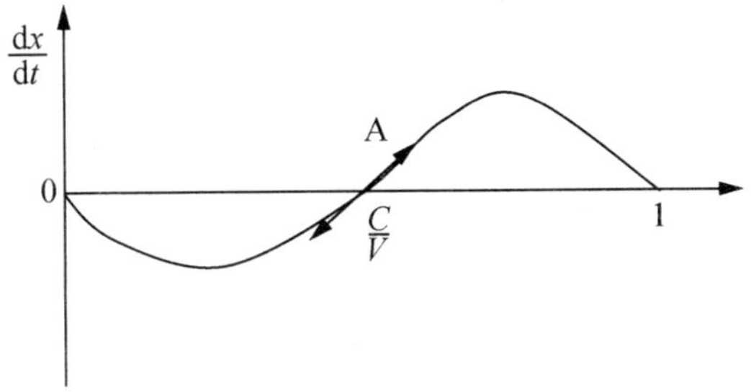

图 5.1　对称情况下复制动态相位图

从图 5.1 可以看出，在博弈开始时，如果博弈方有大于 C/V 的概率选择合作，则初始状态落在上方，这样该博弈将收敛于进化稳定策略 $x=1$；如果博弈方有小于 C/V 的概率选择合作，则初始状态落在下方，这样该博弈将收敛于进化稳定策略 $x=0$。因此可以得出，初始的时候博弈方选择合作的概率的大小直接决定博弈的收敛方向。当 C/V 越小，则博弈进化的分界点 A 越向左移动，该博弈向稳定策略 $x=1$ 进化的可能性越大。这说明在实际博弈中，联盟的合作收益与合作投入的比例越大，联盟中伙伴合作的意愿越大，联盟越趋于稳定。

5.2.3 非对称情况下的供应链联盟伙伴关系的进化博弈

当联盟中合作伙伴的合作成本和收益不对称时，博弈企业合作的静态博弈模型的得益矩阵见表5-2。设企业A选择合作的概率为x，企业B选择合作的概率为y。

企业A选择合作的期望收益Y_{A1}为

$$Y_{A1}=y(V-C)\lambda_1-C_1(1-y) \tag{5-19}$$

企业A选择不合作的期望收益Y_{A0}为

$$Y_{A0}=0\cdot y+0\cdot(1-y) \tag{5-20}$$

则企业A的收益均值$\overline{Y_A}$为

$$\overline{Y_A}=xY_{A1}+(1-x)Y_{A0}=x\left[y(V-C)\lambda_1-C_1(1-y)\right] \tag{5-21}$$

构造博弈方A的复制动态方程为

$$F(x)=\frac{\mathrm{d}x}{\mathrm{d}t}=x(Y_{A1}-\overline{Y_A})=x(1-x)\left[y(V-C)\lambda_1-C_1(1-y)\right] \tag{5-22}$$

令$F(x)=0$

当$y=\dfrac{C_1}{(V-C)\lambda_1+C_1}$时，$\dfrac{\mathrm{d}x}{\mathrm{d}t}$始终等于零，则所有的$(0\leqslant x\leqslant 1)$水平均为稳定状态。

当$y\neq\dfrac{C_1}{(V-C)\lambda_1+C_1}$时，$x=0$，$x=1$为两个稳定状态。但这两个稳定状态不一定都是进化稳定策略(ESS)，进化稳定策略还必须要求一个稳定状态具有抗扰动的能力，在数学上要满足$F(x)'$小于零，对式(5-22)求导得

$$F(x)'=(1-2x)\left[y(V-C)\lambda_1-C_1(1-y)\right] \tag{5-23}$$

根据式(5-23)，当$y>\dfrac{C_1}{(V-C)\lambda_1+C_1}$时，得到$x=1$为ESS；当$y<\dfrac{C_1}{(V-C)\lambda_1+C_1}$时，得到$x=0$为ESS。

同理，可以计算企业B的选择合作的期望收益，选择不合作的期望收益，以及收益均值并构造复制动态方程，求解可以得到当$x>\dfrac{C_2}{(V-C)\lambda_2+C_2}$时，

$y=1$为进化稳定策略(ESS)，当$x<\frac{C_2}{(V-C)\lambda_2+C_2}$时，$y=0$为ESS。

将以上的结论用相位图(图5.2)来表示。

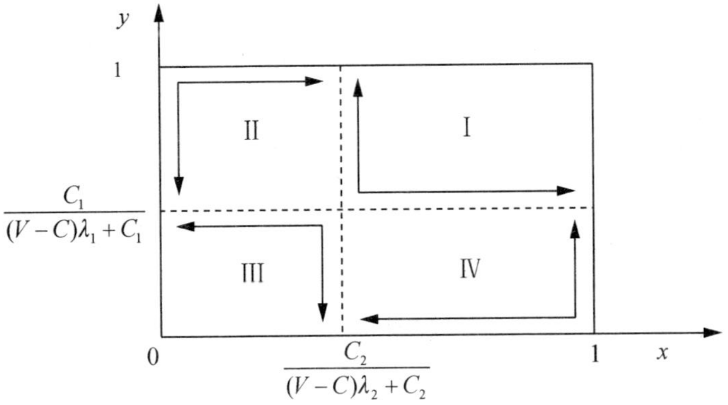

图5.2 博弈双方进化稳定策略相位图

在这个复制动态进化博弈中，根据图5.2的箭头方向可以看出，当初始状态落在Ⅰ区时，即博弈开始时，如果博弈方A中有多于$\frac{C_2}{(V-C)\lambda_2+C_2}$的比率选择合作，且博弈方B中有多于$\frac{C_1}{(V-C)\lambda_1+C_1}$的比率选择合作，则该博弈将收敛于$x=1$、$y=1$；当初始状态落在Ⅲ区时，即博弈开始时，博弈方A中有少于$\frac{C_2}{(V-C)\lambda_2+C_2}$的比率选择合作，且博弈方B中有少于$\frac{C_1}{(V-C)\lambda_1+C_1}$的比率选择合作，则该博弈将收敛于$x=0$、$y=0$；当初始状态落在Ⅱ、Ⅳ区时，博弈有可能收敛于进化稳定策略$x=1$、$y=1$，也有可能收敛于进化稳定策略$x=0$、$y=0$，最终的均衡状态取决于各博弈方的学习速度。以上讨论说明，伙伴企业的初始选择状态不同和学习速度的不同，会导致不同的均衡结果。

以上对称和非对称情况下的供应链联盟伙伴关系的进化博弈研究表明，在实际博弈中，伙伴企业通过学习进化到什么状态，与初始时选择合作的概率有关，而这个概率与选择这种模式能够带给企业的收益大小有关。联盟的收益与合作成本的比例越大，联盟中伙伴合作的意愿越大，联盟越趋于稳定；当博弈双方平分合作成本及合作收益时，联盟进化为稳定的合作关系的可能性最大。这个结论表明，处在供应链联盟中的伙伴企业在长期的进化过程中，只有基于企业的长期利益，经过反复的学习，最终才会稳定进化为一种决策行为。这个结论为企业的决策者提供很强的实践指导，即在处理供应链联盟中的合作伙伴的关系时，企业的决策要以企业的长期利益为目标，特别是对于林业供应链而言，营林的投入和收益更是一种长期行为。但是，值得指出的是，这里仅仅研究了两个企业组成的供应链联盟的情形，且研究结论没有得到实证的检验，因此将对这些不足进行更进一步研究。

5.3 一类林业供应链信息化中的动态多目标博弈

要实现林业供应链的协同发展离不开供应链的信息化工作，即至少实现信息共享，如能用协同信息处理技术工作则更好，这些协同信息处理技术通常要靠协同软件实现，且通常包括4个系统：文档管理系统、协同OA办公系统、ISO文件管理系统、合同管理系统。但是协同软件协同信息技术多是基于异构平台的，最合适的开发使用方式是由一主导企业开发供应链协同管理软件，而林业供应链中各节点的信息化程度不高，而且开发这样的产品费用太大(开发、推广、维护等)，所以很难实现自主开发，这种情况下，服务供应商(application service provider，ASP)外包模式是一种可以考虑的发展模式。

5.3.1 ASP模式下信息化的运营过程

ASP外包模式是指企业(用户)不再负责与应用系统有关的任何管理工作，而是将整个信息系统的建设、维护等工作全部外包给ASP，企业只需按时付给ASP租金，即可使用该信息系统。这种模式的公共技术服务平台使更多中小型企业降低了进入的门槛，将大大加快信息化的进程，可实现资源优化配置和共享，加强社会化的业务协作，是促进中小企业快速、高效发展的有效途径之一。

ASP与用户的关系是既合作又对立的。用户希望通过ASP提高自己信息化程度，从而增强竞争力，ASP 也愿意拥有更多的用户，因此在开发和运营过程中信息是基本完全的。但是双方都有各自的利益出发点，显然 ASP 和用户都希望自己的利润和投资回报率最大，同时，ASP 还希望自己的用户越来越多。在整个运营中，双方是有若干策略可以选择的，而不同的策略必然影响运营效果。而且随着时间的推移，双方的状态将按照一定的规律性发展而变化。这就涉及信息基本完全条件下，双方的动态多目标博弈问题，直接求解难度较大。

因此这里引入突变级数法将多目标转化为单目标(综合指标)，此法没有对指标采用权重，但它考虑了各评价指标的相对重要性，从而减少了主观性又不失科学性、合理性，而且计算简易准确。以系统动力学作为求解博弈模型的工具，用模拟的方法求出以该指标为收益的随时间变化的博弈均衡策略，从而将问题转化为简单的静态单目标博弈模型。

以 ASP 模式下信息化工作中的产品开发策略问题为例。ASP 模式能有效运作的前提是可供租用的产品必须有通用性，即提供一个一致化的产品，而 ASP 的用户大多是中小企业，其状态和需求千差万别，所以个性化的开发几乎是不可避免的，这就涉及产品定位、后续开发等问题。

一般来说，ASP 的运营需先有一定初期开发投入 $R_{pc}=\alpha W_{dc}+\beta W_{kc}+\gamma T_c+E_{pc}$用于产品开发，其中：$W_{dc}$、$W_{kc}$分别为初期调研和开发的工作量，$\alpha$、$\beta$、$\gamma$ 分别为有关系数，T_c 为员工数量，E_{pc}为其他费用。然后进行业务推广并投入 R_t，对于 ASP 的每一个策略 S_{pi}，用户可能有不同的对应策略 S_{cj}，并有相应的投入 $R_{cc}=\varepsilon W_{cc}+M_c+Q_c+E_{cc}$，其中：$W_{cc}$为用户配合 ASP 后续开发的工作量，$\varepsilon$ 为系数，M_c、Q_c、E_{cc}分别为人员投入、设备投入和其他投入。这时用户已成为新用户，然而要成为正式用户还需进行后续开发，因此 ASP 要有后续开发投入 $R_{ph}=\beta W_{kh}+M_p+E_{ph}$，其中：$W_{kh}$为后续开发工作量，$M_p$、$E_{ph}$分别为人员投入和其他投入。正式运营后 ASP 还要对用户进行维护从而产生维护投入 $R_{pw}=\beta W_w+M_w+E_{pw}$，符号意义与前文相近。此时，用户要向 ASP 缴纳租金 J，还要承担一定的正常运行费用 K 并不断产生回报 H。当然，ASP 可以在后续开发和系统维护的同时拓展新的用户。

5.3.2 多目标的归一化处理

双方的决策目标可能很多，如投资收益、公司经营能力、偿债能力等，表现为投资收益率、产品销售净利率、应收账款周转率、流动比率、速动比率、资产负债率等指标，这些指标不难用财会有关理论给出。本问题中双方更关心对本项目上的投资和收益，因此引入两个指标：与项目有关的总利润 U 和投资回报率 ρ。

对于 T 时刻，ASP 的总利润 U_p 和投资回报率 ρ_p 分别为

$$U_p = \sum_{i=1}^{n}\left(\int_0^T (J - R_{pw})\,\mathrm{d}t - R_{pc} - R_{ph}\right) - \int_0^T R_t\,\mathrm{d}t \tag{5-24}$$

$$\rho_p = \frac{\sum_{i=1}^{m}\int_0^T J\mathrm{d}t}{\sum_{i=1}^{n}\left(\int_0^T R_{pw}\mathrm{d}t + R_{pc} + R_{ph}\right) + \int_0^T R_t\mathrm{d}t} \tag{5-25}$$

式中：m、n 分别为正式用户和新用户数。

而用户在这个项目上的总利润 U_c 和投资回报率 ρ_c 分别为

$$U_c = \int_0^T (H - J - K)\,\mathrm{d}t - R_{cc} \tag{5-26}$$

$$\rho_c = \frac{\int_0^T H\mathrm{d}t}{\int_0^T (J + K)\,\mathrm{d}t + R_{cc}} \tag{5-27}$$

这两个指标可以单独分析，也可以参考其他指标一起用突变级数法归一化处理，从而得到一个综合评价指标（记为 Z）用于描述公司的综合实力及成长性，并以此作为博弈分析中的收益。

1. 确定评价指标体系的突变系统类型和归一公式

突变系统类型一共有 7 个，最常见的有 3 个，即尖点突变系统、燕尾突变系统、蝴蝶突变系统。设突变系统的势函数为 $f(x)$，根据突变理论，它的所有临界点集合成平衡曲面，其方程通过对 $f(x)$ 求一阶导数而得，它的奇点集通过对 $f(x)$ 求二阶导数而得，然后消去 x，则得到突变系统的分歧点集方程。该方程表明诸控制变量满足此方程时，系统就会发生突变。通过分解形式的分歧点集方程导出归一公式，由归一公式将系统内诸控制

变量的不同质态化为同一质态，即化为状态变量表示的质态。

尖点突变系统、燕尾突变系统和蝴蝶突变系统模型分别为

$$f(x)=x^4+ax^2+bx \tag{5-28}$$

$$f(x)=1/5x^5+1/3ax^3+1/2bx^2+cx \tag{5-29}$$

$$f(x)=1/6x^6+1/4ax^4+1/3bx^3+1/2cx^2+dx \tag{5-30}$$

上面$f(x)$表示一个系统的一个状态变量 x 的势函数，状态变量 x 的系数 a，b，c，d 表示该状态变量的控制变量。

尖点突变系统分解形成的分歧点集方程为

$$a=-6x^2,\ b=8x^3 \tag{5-31}$$

化为突变模糊隶属函数，即导出归一公式为

$$x_a=a^{1/2},\ x_b=b^{1/3} \tag{5-32}$$

燕尾突变系统分解形式的分歧点集方程为

$$a=-6x^2,\ b=8x^3,\ c=-3x^4 \tag{5-33}$$

导出归一公式为

$$x_a=a^{1/2},\ x_b=b^{1/3},\ x_c=c^{1/4} \tag{5-34}$$

蝴蝶突变系统分解形式的分歧点集方程为

$$a=-10x^2,\ b=20x^3,\ c=-15x^4,\ d=4x^5 \tag{5-35}$$

导出归一公式为

$$x_a=a^{1/2},\ x_b=b^{1/3},\ x_c=c^{1/4},\ x_d=d^{1/5} \tag{5-36}$$

式中：x_a、x_b、x_c、x_d 分别表示对应 a、b、c、d 的 x 值，在这里，归一公式实质上是一种多维模糊隶属函数。

根据多目标模糊决策理论，对同一方案在多种目标情况下，如设 A_1，A_2，…，A_m 为模糊目标，则理想的策略为 $C=A_1\cap A_2\cap\cdots\cap A_m$，其隶属函数为

$$\mu(x)=\mu_{A_1}(x)\wedge\mu_{A_2}(x)\wedge\cdots\wedge\mu_{A_m}(x) \tag{5-37}$$

式中：$\mu_{A_i}(x)$为此方案对目标 A_i 的隶属函数。

对于不同的方案，如设 G_1，G_2，…，G_n，记 G_i 的隶属函数为 $\mu_{G_i}(x)>\mu_{G_j}(x)$，则表示方案 G_i 优于方案 G_j。

2. 利用归一公式进行综合评价

首先，根据评价目的，对评价总指标进行多层次矛盾分解(分组)，排列成倒立树状目标层次结构，由评价总指标到下层指标，逐渐分解到最下

层子指标。对一个指标进行分解，是为了得到更具体的指标，以便进行量化，分解到一般可以计量的子指标时，分解就可以停止。因为一般突变系数某状态变量的控制变量不超过4个，所以，相应地一般各层指标(单指标的子指标)分解不要超过4个。具体来说，设计的指标体系由两个方面组成：一是效益方面；一是风险(其倒数为安全性)方面，二者是尖点突变。其中效益又分为两个方面，一是投资收益，二是赢利能力，这也是尖点突变，而投资收益是燕尾突变，赢利能力下面是蝴蝶突变；风险方面则是一个燕尾突变，包括资本结构、偿债能力和总风险。以此类推，直至分解到最底层指标。

然后，由下层指标向上逐层综合，最后化为一个0~1的数，即综合指标Z。底层指标的数值要用基础数据送入，然后按突变级数法要求逐层计算，用计算机可迅速算出最高层的归一数(突变级数)，如果这个数越大则说明公司的绩效或这种方案越好。

5.3.3 动态问题的处理

上述指标可以分析某时间点上的公司状态，但更需要知道的是某决策(方案)实施后，有关指标随时间变化的结果及趋势并做出动态分析。系统动力学无疑擅长解决这类动态的、高阶的、非线性的问题，早在其诞生时就有人用来模拟公司运作，解决有关管理和决策问题，现在已发展的比较成熟。一般来说是按业务流程从决策开始顺序连接系统策略、系统状态和系统信息，最后再回到决策并对决策产生反作用建立封闭环路，研究反馈回路的逻辑关系、结构关系、时间延迟、信息放大对系统行为的影响。

ASP运营模型分别对新用户、正式用户、正常运营的用户这3种状态以及其输入和输出速率进行分析，然后综合考虑用户数量、资金回收、开发投入以及开发和维护工作量等不断循环迭代。

另外，对于用户只考虑某一时刻某指标的值，不作系统动力学模拟，一般的经济学知识就能解决，事实上也很少有中小企业使用系统动力学来预测未来有关指标，符合实际情况。

简化的系统流图如图5.3所示。

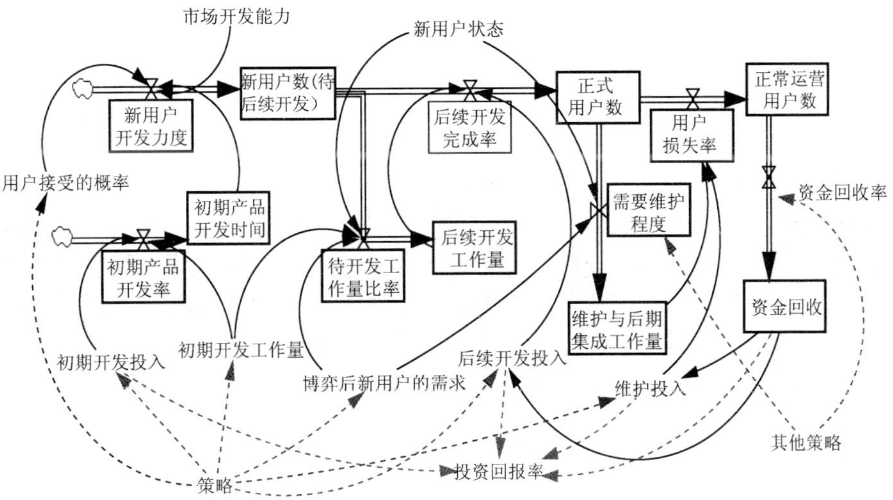

图5.3　简化的系统流图

5.3.4　博弈过程及模拟方法

设ASP在本问题中共有可行策略i个，而用户对于不同的策略有不同的对策j个(对于不同的策略用户的对策数量可能不等)，从而形成策略集S。不同的策略及对策必然影响ASP在初期投入、后续开发、维护、资金回收的情况，也影响用户本身的收益和发展情况。

给定模拟期，我们不难用系统动力学的方法算出对于T时刻某策略条件下的ASP和用户的各项指标，然后用突变级数法将其归为一个综合指标Z_p和Z_c，这里可看做收益，对于不同的策略可以得到不同的收益。这时问题已简化为静态单目标模型，用简单的划线法就能求得Nash均衡解。即先考虑ASP的策略，对于每一个用户给定的策略，找出ASP的最优策略，并在其对应的策略下面划一条横线，然后再用类似的方法找出用户的最优策略，若两个策略下均存在横线，则对应的策略就是一个Nash均衡解。如果Nash均衡解不止一个，则在几个均衡解中按用户指标相对大以及双方指标和最大的原则找到一个更好的(这也符合实际情况，由于信息基本完全，根据双赢的思想双方是可以对此问题形成一致意见的)。

考虑到本问题的特殊性，博弈分析时除了以综合指标为收益以外，还对ASP和用户共同关心的指标：与该项目有关的总利润和投资回报率进行分析，从而作为决策参考。

5.3.5 算例

由于信息化的发展方向是移动信息化，特别是现在3G时代的到来更是如此，所以这里选择中国移动某分公司(ASP)和林业供应链中的节点用户进行分析，在对试点用户以及部分潜在用户调研的基础上进行了模拟，模型中有些变量是基于调研的，比如用户接受产品的概率以及对不同策略的偏好程度等。考虑到现代企业特别是软件行业的发展太快，因此只作不超过五年期的模拟。

1. 有关策略

具体来说ASP有以下5种典型的可行策略。

第一种策略是对于一些常见的应用软件，如进销存系统、财务软件、办公自动化、物流配送与仓储管理、质量管理软件等分别进行初期开发，根据企业需要租用，先迅速争取一批用户，实现局部功能上的移动信息化，随着用户的发展和成长再开发更全面的软件系统。

第二种策略是开发一个相对大而全的软件系统，当然有许多功能可能用户暂时不需要，但初期的开发深度只能涉及软件的通用部分，即基础层的部分，配以若干附加模块满足一定程度的差异化需求，对于个性化的需求另行开发但工作量较大。

第三种策略是开发一个软件系列，而不是一个软件。由于不同行业的企业业务流程差别较大，而相同或相似行业的企业则比较接近，所以先对用户按行业合理地进行分类，然后按行业的特点和业务流程开发该行业的软件，该系列软件中许多功能和模块相互可通用，对每个用户进行个性化开发的工作量小。

第四和第五种策略是将第一种策略分别与第二、三种策略组合使用，这样能争取到更多的用户，但代价是要有更高的初期和后续投入。

用户对于不同策略的可行对策有4~6种，由于本文主要研究ASP的策略，这里不一一列出，相应的均衡解也不再给出。

2. 模拟结果与分析

表5-4是ASP对不同模拟期以各指标为收益的博弈均衡解。

表 5-4　ASP 对不同模拟期以各指标为收益的博弈均衡解

模拟年限	综合指标 Z	总利润(万元)	投资回报率
1 年	策略一(0.875)	策略一(2 862)	策略一(0.62)
2 年	策略二(0.925)	策略二(6 958)	策略二(1.15)
3 年	策略三(0.934)	策略四(44 835)	策略三(2.35)
4 年	策略三(0.956)	策略五(98 564)	策略三(6.03)
5 年	策略三(0.971)	策略五(245 365)	策略三(15.72)

由表 5-4 可以看出，从中长期(即 3～5 年)的角度考虑，策略三相对要好一些，特别是后续投入较小，使得投资回报率较高。但这是基于“中国移动”作为服务供应商这一前提的，模型中未考虑竞争者，并且在风险这一指标中未考虑资金链的短缺，否则有关指标将产生改变。

同时策略五也可以考虑，虽然其初期和后续投入都比较大，但能带来并稳定更多用户，如果在竞争条件下具有明显优势，但必须保证两三年内有充足的资金投入(3 年后较高的投资回报率已可以支撑其正常运营)。另外，策略一是国内其他大多数中小 ASP 运营商采用的策略，模拟结果表明该策略并不理想，这与我国目前的现状是一致的。

5.4　林农合作中的博弈行为研究

由于研究的林业供应链问题，与其他产业不同，还涉及一个重要的问题，就是关于林农的合作问题，这是实现整个系统协同发展主要有生力量，实现林业产业链的协同发展发展离不开林农的合作，这里的合作指林农与林农之间的合作，因此这里作专门的分析，当然还涉及林农与其他组织(如公司)的合作，在 5.5 节再讨论。

5.4.1　对林农合作问题的基本观点

林农与林农之间的合作最常见的形式是农民合作组织，这可以提高农业生产经营的组织化程度，是解决“三农”问题的现实有效途径。然而，农民组织化并不取决于政府及学术界的主观愿望，而关键取决于农民的合作愿望与合作能力的统一程度。如果没有意识到这个问题，那么，对农民合作及其组织化问题的研究只能是主观臆想，其实践结果也将事半功倍。因此，充分认识和了解农民是研究农民合作问题的重要前提。

在国内，人们对农民合作的倾向大多持审慎的态度，习惯地认为农民是“善分不善合”的。事实上，关于农民合作难的观点也并不是空穴来风，它确实有一定的历史文化渊源。中国传统文化似乎对此早有定论：一个和尚挑水吃，两个和尚抬水吃，三个和尚没水吃。这其中就隐含了一个现实命题：中国农民合作化事业的发展前景不容乐观。从理论认识层面上看，关于农民的分散惯性是一个老生常谈的问题，比如，马克思曾从农民缺乏反抗专制的组织能力而得出“农民是一袋马铃薯”的经典性结论，毛泽东关于发动和组织农民的号召本身就蕴涵着“农民原子化”的含义，他主张必须通过外部力量(如合作化运动)来使农民组织起来。

从农民组织发展的实践看，人民公社的失败也确实为否定农业合作制和农业集体主义提供了一个有力的实证。为此，国内外众多学者也对人民公社制进行了全面彻底地反思，其中不乏具有价值的观点，如由于农民退社自由的权利被剥夺而使重复博弈变成一次性博弈，“自我实施”的协议无法维持，同时，因组织规模过大而使集体内部监督变得困难，偷懒和搭便车成为社员一种理性的行为选择，致使人民公社制长期低效率等。从中国改革进程看，市场社会似乎注定要导致这样一个结果：市场化改革使分散的农民因合作成本高昂而无法达成合作，中国农民合作意愿不强，合作能力较弱。此外，现实农村社会的治安、水利、乡村道路等公共产品存在严重供给不足的现象。这些理论及其现实结果在一定程度上又支持了农民“善分不善合”的观点。

然而，现代经济理论演绎出的逻辑结论是：市场竞争的法则是优胜劣汰，其结果是形成庞大的社会弱势群体。显然弱者很难通过自我积累而获得生存和发展的机会，而弱势群体若是不想被市场所吞没，要么通过依附强势利益集团而成为其附庸，如“公司+农户”的组织形式，但弱者自身难以得到发展；要么通过弱者的自我合作，如建立专业合作社等各种农民合作组织，提高交易谈判能力，进而谋求共同发展。

在市场经济条件下，各种农民合作经济组织是普遍具有效率的，一个合作农场的资源配置至少从长期来看是有效的，农业劳动是存在规模经济的，对劳动努力的激励可能要大于私人农场。虽然人民公社制已经退出了历史舞台，虽然这种农业的集体主义形式不太适合中国农业发展的具体实际，但它所强调的社会化分工协作、生产经营的规模性、现代农业技术的适应性等特有的合作精神，以及其合理的组织要素会借助于其他的生产经营组织形式而延续下去，比如以家庭联产承包制为基础的统分结合双层组织形式就是能够体现这种精神的实现方式之一。此外，国外合作经济事业发展的现状，以及国内包括供销合作社组织、社区合作经济组织、专业合作组织、农民技术协会等各类合作经济组织以及准合作经济组织在内的合作事业的发展势头，也无疑与中国农民“善分不善合”的结论截然相反。这些理论及其现实结果又有力地驳斥了“农民善分不善合”的观点。

可见，农民合作组织的发展不是一个简单的“善分不善合”问题，它涉及与合作经济组织发展相关的内外诸多因素，既有农民个体自身的因素，又有市场体系、政府政策以及社会文化习俗等外部因素。比如，国内信用体系缺失会使农户在博弈中趋于“纳什均衡”，最终寻求缺乏效率不合作解，这是分力因素；而面对市场波动的风险，农民又会选择合作解，这却是合力因素。因此，作为一种市场经济条件下的组织和制度创新，农民合作经济组织是集内生变量和外生变量为一体的综合动态互动的过程，是各种分力和合力互相作用的结果，任何以外生为主的合作经济组织(如政府推动的人民公社等)或内生的合作经济组织(如自愿成立的农民专业合作社、农民技术协会等)都不失为一种现实的选择。可见，农民合作组织发展是“要不要合作”与“能不能合作”的有机统一。

第4章已经分析了林业产业供应系统的动力问题，由于研究的是农民问题(林农只是农民的一种)，农民是弱势群体，所以协同动力除了应考虑“协同意原”外，还应考虑能否参与的能力，即认为农民合作组织的发展是“合作意愿”和“合作能力”的有机统一，关于合作能力，在5.5节将具体涉及。

有了对林农合作的基本认识后，开始分析合作行为中的博弈问题，同样，先研究静态的一次博弈，前文说过“农民退社自由的权利被剥夺而使重复博弈变成一次性博弈”，这种情况在现实中或有出现，所以这种研究还是有一定现实意义的。

5.4.2 林农合作中的“囚徒困境”及其特殊性

农民参加合作组织是非强制的自愿互利合作。农民在选择是否合作时，是以利益得失为前提的，这便形成了“囚徒困境”的博弈模型。所谓“囚徒困境”是说：无论对方选择什么，选择不合作总能比选择合作获得更多的收益。但是当双方都选择不合作时，其结果比双方都选择合作时获得的收益少。因此“囚徒困境”反映了集体理性与个体理性、长期利益与短期利益的冲突。从集体理性出发，博弈双方应当选择合作以谋求共同的长远利益；但从个人理性考虑，每一个人都有不合作的倾向以获取各自的更佳的短期利益。

先看简单的情况，当农民甲选择合作博弈时，农民乙有两种选择，合作或不合作。如果农民乙选择合作时，农民甲和农民乙均获得收益(3，3)；当农民乙选择不合作时，则农民甲受损，只获得0收益，农民乙则获得收益5，即选择(0，5)。相反，当农民甲选择不合作时，农民乙选择合作受损，收益分配为0，即选择(5，0)，当农民乙也选择不合作时，两个农民同时受损，各自收益为2，即选择(2，2)。

所以，农民选择合作与否的基本原理与5.1节相似，关键看收益的大小，但对于农民而言，还有一定的特殊性，即除了对收益的渴求以外，选择合作的动力通常还有两个方面：一是规避风险，农民的风险来自自然和市场两方面，由于农民作坊式的分散经营模式难以抗击这两种风险，农民由此产生合作“冲动”；二是节约交易费用，交易费用包括市场信息费、价格寻找费用、购买服务费用和交易谈判费用等。

当农民产品交易达到一定规模，交易次数较多时，必然产生较大的交易费用。诺斯指出：如果一种制度安排还存在潜在利润，就意味着这种制度安排还没有达到帕累托最优，因而处于非均衡状态。制度非均衡的出现，意味着出现了制度变迁的客观要求。为了改变经营的低效率，农民就有强烈的愿望要求合作，形成合作型的合作组织制度。

另一方面，机会主义又导致农民持观望态度，合作出现挤出效应。专业合作组织的方式有多种，其中常见的方式包括“市场+组织+农户”、“基地+组织+农户”、“公司(龙头企业)+组织农户”、“协会(合作社)+农户”、“中介+农户”等。无论哪一种方式的合作组织的建立，或由于信息不对称、或前期投入大、或对未来的悲观预期、或信用成本高使得农民对专业合作组织参与"热情"不高，等待和观望成为大多数农民的"经济"选择，较普遍存在搭便车行为。农产品或林产品（这里指初级产品，不包括纸张一类的深加工产品）的特殊理化性质使得农产品具有典型的经验品成分，其质量信息很难作出准确的评价，尤其当今社会科技进步迅猛发展，农产品生产、加工和包装技术日臻完善，使得农产品更具有"经验品"特性，再加上农产品"不规则"生产和批量外销，对单个"经验品"的质量检测很不"经济"，其质量信息难以获得。这就使得农民在进行合作时存在机会主义倾向，采取不合作——"背叛"行为。这样势必导致合作组织的带动性功能弱化。

通过以上分析可以看出，分散的农业生产者，在无外界引力或压力的环境中，农民的选择是自由的、完全理性的。在共同利益驱动下，可能选择合作；当个人利益膨胀到一定时，即当个人从自己的私利出发，则可能选择非合作博弈，也就是个人理性不会促进合作行为出现。

通过对上述分析至少可以得出以下基本结论。

1. 农民是理性的（下文可将其拓展为有限理性的）

他们能够根据所掌握的环境信息来选择一个最优解，该最优解不仅取决于农民的偏好，也取决于他们所处环境的习俗与规则。显然，经济利润是农民求解和计算的主要目标，但不能作为唯一目标，还应考虑家族忠诚、文化认同、市场环境、政府目标及社会形象等非经济变量，多数情况农民或农户行为的指向应该是农民自变量以及其他环境变量均衡的结果，农民理性也包括农民对生产经营组织模式的选择，他们知道何时选择合作或非合作。同时，不断完善的市场以及日趋成熟的农民使农民行为逼近"最优"的结果，农民理性真正从理想变为现实。

2. 农民合作行为的产生是合作愿望和合作能力的统一

合作意愿更多地表现为理性的农民通过对合作经济组织运作的经验、成本收益分析、合作示范效应、分配公平性以及防止搭便车的监督技术等有关预期收益的综合分析所产生的激励；而合作能力则是取决于合作制度选择的制约因素，如农民自身素质、外部的法律保障、政策激励、信息获取、合作社教育、公共产品供给等。农民合作行为的产生必须真实地反映理性农民的合作诉求，合作需要或合作意愿是理性农民合作行为产生的前提与基础；而合作经济组织的建立必须要考虑到其所依赖的外部环境，这些反映合作能力的变量是理性农民合作行为产生的现实条件，它决定农民合作的程度以及合作经济组织发展的情况。

3. 农民合作组织的建立需要政府的推动与支持

前面分析过，农民产生合作不完全是看收益的大小，还有其他影响因素，特别是理性个体由于无法克服他的可能合作伙伴的搭便车行为以及其他外部性问题而难以形成集体理性，不合作行为就成为农民的一种常态选择。如果完全寄希望由农民自身去选择合作或联合，从而实现内生的合作经济组织，这是不现实的。尤其农业生产经营的分散和农民的原子化状况，使内生秩序越来越成为不可能，必须从外部的制度选择环境变量加以调整、引导和保障。因此，政府通过基础设施以及政策的约束机制适时适度地介入就尤为关键，政府主导的“外生型”合作经济组织将是农民实现合作的重要选择。

5.5 林农合作关系的演化博弈研究

5.5.1 问题的提出

5.4 节讨论了农民与农民之间合作的博弈(这里主要指林农)，而根据前文分析，农民是很难完全自发形成合作组织的，通常是要有一个外生力量，而这种外生力量通常是政府或是大公司，这也体现为现实中的各种合作组织或是“公司+农户”的合作模式。这种情况下，政府或公司往往是政策的制定者，应将其看成是个体还是群体？而对于林农而言也存在这种问题，是将其看成一类性质相同的群体还是看成性质不同的群体？此外对于林农合作能力的问题也值得进一步探讨。

关于理性假设问题，对农民理性的假设以及“善分不善合”的倾向性存在许多争议，政府或公司与林农相比，其理性程度如何？近年来普遍接受了有限理性的观点，演化博弈论则有“进化稳定策略(ESS)”来解决。特别是由于博弈方理性和信息的有限，策略的调整过程难免会缺乏远见，从而解释了许多局部的、短视决策的存在合理性。

但是，博弈论的基础问题之一是多重 Nash 均衡的选择问题，而 ESS 均衡仅是对 Nash 均衡的精炼，其并没有解决多重 Nash 均衡的选择问题。这一问题是通过参与者的“过程理性”导致特定的路径依赖、产生“锁定”现象而自然解决的。其主要原因是通常的演化博弈模型，对于博弈双方的假设是对称的有限理性，与传统博弈理论的完全理性假设一样，都使得参与者在面临多重 Nash 均衡时无法做出协调一致的反应，因此对于均衡稳定性的研究引发了许多学者的兴趣。

当然也有许多典型的非对称演化博弈研究，大多以构造不同的支付结构或是对复制动态过程进行调整解决问题，依然是有很强路径依赖性的(人为设计因素大)。因此，如何打破这种假设建立一类个体与群体的博弈模型是一个现实问题，该模型必须适用于政策制定者与广大公众之间(特别是广大农民)的博弈，更符合林农合作博弈的现实状况。为此，笔者建立了以下模型。

5.5.2 一对多两阶段博弈模型的建立与分析

1. 基本思想与假设

首先，这里将林农看成是一类群体，而将政府或公司看成是一类个体，并且其理性程度是不同的，参与者的理性假设类似于 Stackelberg 模型的假设。模型中将政策制定者(老练的)与公众(幼稚的)看成是一对多的两阶段博弈。在第一阶段，有限理性的群体参与者采取模仿者动态行为；在第二阶段，完全理性的个体参与者根据群体参与者的策略分布，确定自己的反应函数。博弈达到稳定状态后，群体参与者采取演化稳定策略，而个体参与者的风险占优策略将收敛于 Nash 均衡策略，该模型也较好地解释了常见的个体欺骗现象和群体合谋现象。

这里引入了效用，通俗地讲效用就是某结果对某人大脑的刺激程度，可能是正面的，也可能是反面的，可以是经济方面的，也可以是前文所提及关于风险方面的，因为前面已分析了林农合作行为中还要受到许多非经济因素的影响，所以这样就可以更好地分析林农问题。

2. 二阶段的博弈过程

在博弈的第一阶段，具有有限理性的、“幼稚的”群体选取不同的纯策略形成各种纯策略的比例分布；在第二阶段，具有完全理性的、“老练的”个体参与者根据对方(群体参与者)形成的策略分布确定自己的反应函数。不同于 Stackelberg 模型，一对多博弈模型中参与者为个体与群体之间的博弈。在博弈的第一阶段中，“幼稚的”群体参与者的行为方式可以用演化博弈中模仿者动态模型加以描述。

博弈的第一阶段：根据演化博弈理论的基本假设，由于转换新策略存在一定的成本，群体中大部分参与者保持某种纯策略不变，少部分参与者根据模仿行为采取具有更高收益的策略。在群体参与者的纯策略空间$S(S_1, S_2, \cdots, S_i, \cdots, S_n)$中，设$\theta_t(S_i)$为在$t$阶段采用纯策略$S_i$的参与者群体比例向量，而采用某种纯策略$S_i(i=1, 2, \cdots, n)$的群体比例增长率$\overrightarrow{\theta_t(S_i)}$是此纯策略效用$U_t(S_i)$与群体平均期望效用$\overline{U_t}$差的严格增函数

$$\overrightarrow{\theta_t(S_i)} = \theta_t(S_i)\ [U_t(S_i) - \overline{U_t}] \tag{5-38}$$

博弈的第二阶段：在个体参与者的纯策略空间$S'(S'_1, S'_2, \cdots, S'_i, \cdots, S'_n)$中，“老练的”个体参与者根据对方采取不同策略$S_i(i=1, 2, \cdots, n)$的比例分布$\theta_t(S)$，确定自己的反应函数$U_t(S') = \sum_S \theta_t(S)U(S', S)$。

在具有多重 Nash 均衡的重复博弈中，个体参与者的收益如果满足

$$U_t(S'_k, S) \geqslant U_t(S', S),\ k \in (1, 2, \cdots, m) \tag{5-39}$$

那么对于追求当期收益最大化的“短视的”个体参与者，其将采取风险占优策略S'_k。对于具有“远见的”、追求长期利益最大化的个体参与者，贴现因子记为δ，如果其收益满足

$$\sum_t \delta U_t(S'_l) > \delta U_t(S'_k),\ l \in (1, 2, \cdots, m) \tag{5-40}$$

那么个体参与者采取具有 Pareto 最优的 Nash 均衡策略实现的收益S'_l大于采取风险占优策略S'_k实现的收益。在博弈的收益结构$U(S', S)$、重复博弈的次数t和群体参与者的策略比例分布$\theta_t(S)$既定的条件下，式(5-40)主要取决于贴现因子δ的大小，其意义为个体参与者是否具有“远见的”，比较注重未来阶段的收益。

举例说明见表 5-5。

表 5-5 个体对群体博弈的收益矩阵

收益		个体 N	个体 M
群体	A	1, 1	0, 0
	B	0, 2	2, 2

表 5-5 表示为，假设博弈具有两个 Nash 均衡(1, 1)、(2, 2)，其中(2, 2)是 Pareto 最优的。当群体参与者在不同策略之间具有一定的比例分布($\theta(S_A)$, $1-\theta(S_A)$)时，个体参与者采取“N”策略的收益为 $U(S_N)=2-\theta(S_A)$，采取“M”策略的收益为 $U(S_M)=2-2\theta(S_A)$，根据式(5-39)可知，个体参与者采取“N”策略是风险占优策略，在重复博弈中双方最终形成的稳定 Nash 均衡为处于 Pareto 劣位的(1, 1)均衡，其中 $\theta(S_A)\to 1$。

在无限次重复博弈中，个体参与者采取风险占优策略“N”最终实现的收益为 $\theta(S_N)\to 1$，而当 $\theta(S_A)\to 0$ 时，具有“远见的”个体参与者采取具有 Pareto 最优的 Nash 均衡策略“M”最终实现的收益为 $\theta(S_M)\to 2$。

3. 博弈的均衡分析

对博弈的均衡分析主要看其能否实现均衡，是否稳定，这种均衡是如何实现的，也就是说参与者在面临多重 Nash 均衡时能否作出协调一致的反应。

命题：个体与群体之间重复博弈模型的稳定状态为 Nash 均衡。

证明过程如下。

根据模型的假设，群体参与者的行为方式符合演化博弈的模仿者动态模型。根据 Fudenberg 在 1998 年提出的命题：“模仿者动态的稳定均衡是 Nash 均衡”。当模仿者动态允许群体选择混合策略时，Bomze 进一步证明模仿者动态的一个稳定均衡是演化稳定均衡 ESS。下面分析个体参与者的最终稳定状态。

第一种情况：如果个体参与者是具有“远见的”，即满足式(5-40)的条件，其采取的策略 S_l'为具有 Pareto 最优的 Nash 均衡策略。

第二种情况：如果个体参与者是“短视的”，其将采取风险占优策略 S_k'，当 $t\to\infty$时，群体参与者的模仿者动态趋于稳定的 Nash 均衡 S_i^*，其策

略比例分布

$$\theta_t(S)=\begin{cases}0, & S\neq S_i^*\\ 1, & S=S_i^*\end{cases} \tag{5-41}$$

则个体参与者的反应函数为

$$\theta_t(S') = \sum_S \theta_t(S)\cdot U(S',S) = U_t(S',S_i^*) \tag{5-42}$$

将反应函数代入式(5－39)，此时风险占优策略满足：

$$U_t(S_k',\ S_i^*)>U_t(S_j',\ S_i^*) \tag{5-43}$$

由于式(5－43)中风险占优策略 S_k'满足 Harsanyi 于 1973 年关于严格均衡的定义，而严格均衡必定是纯策略 Nash 均衡，因此当群体参与者的模仿者动态行为收敛到 Nash 均衡 S_i^* 时，个体参与者的风险占优策略也将收敛到纯策略 Nash 均衡。

5.5.3 进一步的探讨

1. 关于欺骗与合谋问题

在群体参与者模仿最优策略的过程中，老练的个体参与者通过误导对方可以实现更大的收益，因此存在着欺骗行为。表 5－6 为有欺骗行为的收益矩阵。

表 5－6 有欺骗行为的收益矩阵

收益		个体 N	个体 M
群体	A	1，1	0，0
群体	B	0，8	4，7

表 5－6 表示为，如果博弈具有唯一的 Nash 均衡(1，1)，个体参与者采取风险占优策略“N”后，博弈收敛于 Nash 均衡。此方案中，个体参与者仅能获得部分群体参与者的“B”策略分布造成的额外收益

$$P_k = \sum_t 8\delta\theta_t(B)\ ,\ \theta_t(B)\in(0,\ 1) \tag{5-44}$$

如果个体参与者先选择“M”策略，当群体参与者逐渐收敛于“B”策略后，再转换为“N”策略，则此方案中，个体参与者先是通过发布误

导的信息，使博弈暂时收敛于具有 Pareto 最优的收益(4，7)。然后在转换策略过程中，最初阶段获得了对方几乎全部参与者停留在“B”策略造成的额外收益

$$P_c = \sum_t 8\delta\theta_t(B)\ ,\ \theta_t(B) \approx 1 \tag{5-45}$$

显然，该方案个体参与者获得的收益大于(或者等于)风险占优策略的收益。

以上是关于个体欺骗的解释，而群体的合谋现象也可以出现，为了避免有限理性的群体参与者在模仿过程中分散行为造成的收益损失，以及博弈对方老练的个体参与者故意采取的欺骗行为造成更大损失，分散的群体参与者可以形成组织中的合谋，增加自身讨价还价的能力，从而将一对多博弈模型转化为传统的非合作博弈模型。有关利益集团的理论指出，一个利益集团的力量取决于它的酬金和组织成本，对于本模型的群体参与者，形成合谋组织后群体可以获得的最大酬金即为各个阶段群体参与者收益总损失的贴现值。但是，群体参与者形成合谋组织后，完全理性的两个博弈方又出现了传统博弈理论中经典的多重 Nash 均衡选择问题。

2. 关于林农的合作能力以及不同质问题

前文分析过，林农合作行为的产生是合作愿望和合作能力的统一，上述模型未考虑这一因素，此外模型中隐含一个基本假设：所有的林农都是一样的，但是许多对农民合作问题及其影响因素的实证研究认为，农民群体是有差异的，不同类别的农民合作规律不尽相同，这在笔者前期对林农的调研中也得到了验证，特别是“大户”与普通林农差别较大。但是一旦这种假设被打破，其演化的路径和过程应重新审视，下面给出解决这一问题的基本思路。

多数的演化过程被看做是一种学习，而学习模仿的速度取决于两个因素：一是模仿对象数量的大小(常用相应类型的参与人的比例表示)，因为这关系到观察和模仿的难易程度；二是模仿对象的成功程度(可用模仿对象的策略收益超过平均收益的幅度表示)，因为这关系到判断差异的难易程度和对模仿激励的大小。另一个很重要的因素没有引起足够的重视，就是模仿者模仿能力(或是合作的能力，模仿阻力，即别人能做到的我不一定能做到)，这同样与模仿者自身的特征有关，而在“群体同质”的假设

下，该因素显得并不重要(别人能做，我也能做到)，一旦这种假设被打破，其演化的路径和过程应重新审视，传统的微分博弈方程将不能描述这种关系。

首先合作能力则可看成是模仿选择时的各种制约因素，林农群体的初始策略选择不是最终结果，博弈的结果最终取决于策略的演化路径，因此要深入研究其学习的能力和速度，策略转变的阻碍因素及其影响程度，这些因素包括：信息与沟通、认知程度、知识结构(与项目有关的)、技能水平、资金、时间、其他选择的影响，以及其他基础状态如关键资源获取的便利性，交通、物流等。有必要引入效用理论，主要研究：参与者的学习速度、对策略的倾向程度、模仿的难度。不仅是比较博弈者策略与其他人的收益(这决定其对某策略倾向的奖励和惩罚)，而是模仿人类决策的思维过程，对于某参与者甲而言，基本逻辑如图 5.4 所示。

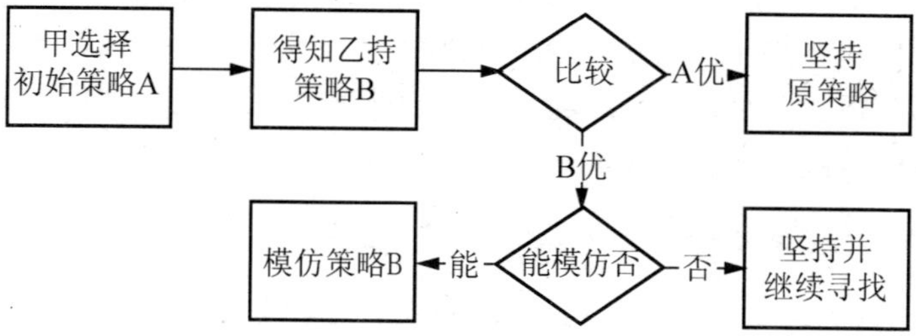

图 5.4　模仿能力判断逻辑

图 5.4 是对传统演化的一种改进，有关各种比例、成功度等仍可与效用理论结合形成有关规则，即对于不同类别的参与者分别梳理其学习速度和逻辑判断准则(含概率表达)，并与其状态相对应，这样也可以有效地解决群体异质化问题(远期收益取贴现值处理)。

对于不同的个体策略，群体中不同类别参与者的初始策略选择和演化路径不同，传统的演化博弈模型难以解决这一问题。因此引入系统动力学的“流位”分别表示不同类别参与者数量或比例，以及选择某策略参与者的数量或比例，用流向和流速来表达其演化过程，从而对其博弈过程进行仿真。

针对不同策略，根据前面分析的初始状态，按逻辑过程从决策开始顺序连接系统策略、系统状态和系统信息，最后再回到决策并对决策产生反作用建立封闭环路。研究反馈回路的逻辑关系、结构关系、时间延迟、信息放大对系统行为的影响，建立数学模型并编程模拟。

具体来说，从整体和全局上先确定系统边界，再将系统分成一些若干子块，每个子块又可以分为若干串行或并行的相对独立的业务单元，分析其相互关系，经过定性的动态分析后确定有关水平变量和速率变量及其关系，建立水平方程、速率方程和辅助方程等有关方程并作出流图，分析其物流延迟、信息流延迟等的影响，采用主辅回路耦合分析的方法，综合考虑系统振荡的影响建立数学模型，然后编程进行定量的仿真，并可以使用SD中的噪声函数作为测试函数来研究现实系统中某些随机的不确定因素的影响。

当某一轮群体演化博弈结束后，个体按理性人的假设调整策略，然后群体再根据调整后的策略演化博弈，直到均衡(可能合作也可能不合作)。这样就可以形成一类用于解决“非对称有限理性且群体异质情况下的动态演化博弈问题”的解决方案，图5.5是模型的总体分析框架，沿着这样的思路可以产生更深入的研究成果，这有待于进一步探索。

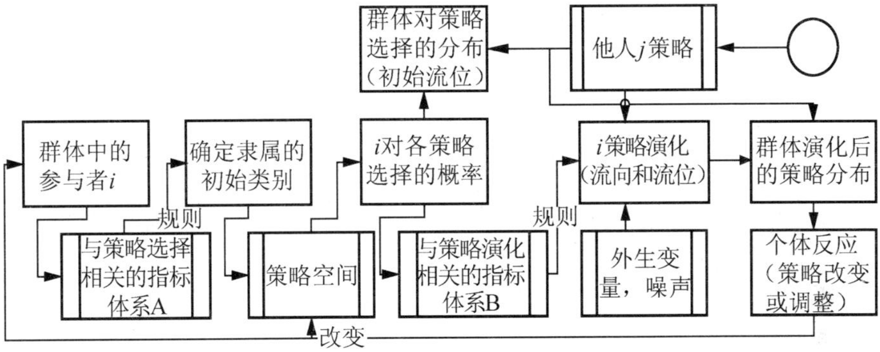

图5.5　模型的总体分析框架

第 6 章　林业供应链协同发展运作模式及其评价研究

前面章节分别基于流和节点的视角研究了林业供应链协同发展的有关机理，这里对于协同发展的具体模式进行探讨。同样，本章涉及的模式也是分别基于流和节点的，并分别给出了评价的方法，并且基于流的运作模式相对偏重于供应链结构，偏宏观层面的设计，而基于节点的运作模式则偏重于如何实现。由于林业供应链的范畴较大而不便展开分析，本章以造纸业为例并以林纸一体化项目为重点进行分析。

6.1　基于流协同的运作模式

6.1.1　模式的基本分类

第 3 章对林业供应链的流进行了分析，并认为林业供应链是一个复合大系统，这一大系统由物质流、能量流以及信息流子系统组成。要实现林业供应链的协同发展，应该实现这 3 股流的协同，但可以有不同的形态，理论上按照这三股流的协同度不同应有 8 种基本组合，为了考虑问题方便，将其分为 4 类，分类的方式见表 6－1。

表 6－1　基于流协同运作模式的分类

序　号	子系统协同形态			描　述	类　别
	物质流	信息流	能量流		
1	协同	协同	协同	大系统也达到协同	完全协同
2	不协同	协同	协同	物质流不协同通常是受一定限制	高级协同
3	协同	不协同	协同	信息流不协同不能根本上保证大系统的协同	
4	协同	协同	不协同	对于节能减排应有进一步的措施	

续表

<table>
<tr><th rowspan="2">序　　号</th><th colspan="3">子系统协同形态</th><th rowspan="2">描　　述</th><th rowspan="2">类　　别</th></tr>
<tr><th>物质流</th><th>信息流</th><th>能量流</th></tr>
<tr><td>5</td><td>协同</td><td>不协同</td><td>不协同</td><td>这种状态的可能性不大</td><td rowspan="3">低级协同</td></tr>
<tr><td>6</td><td>不协同</td><td>协同</td><td>不协同</td><td>这是大系统向协同发展的必由之路和初级状态</td></tr>
<tr><td>7</td><td>不协同</td><td>不协同</td><td>协同</td><td>人类几乎不干预系统发展时可能出现的状态</td></tr>
<tr><td>8</td><td>不协同</td><td>不协同</td><td>不协同</td><td>大系统也完全不协同</td><td>完全不协同</td></tr>
</table>

从上述分类情况看，第 1 种状态是理想状态，也是人们努力的目标，第 8 种状态是完全不协同的，不多考虑；在这两者之间有些状态是不太可能出现的，比如第 5 种状态，通常信息流和能量流不协同难以实现物质流的协同，而第 7 种状态也与研究的问题关系不大。因此，认为要实现林业供应链的协同，首先要实现信息流的协同，而关于信息流的重要地位在第 3 章就已进行了分析。所以重点分析第 2、4、6 种状态，最终实现第 1 种状态，而这些状态则对应于相应的发展模式。

具体来说，就是认为信息流的协同是大系统协同的前提，在此基础上对于物质流和能量流的协同能产生影响并进行控制，并由此形成不同发展模式，即物质流为主的模式、能量流为主的模式、三股流同时协同的模式。

6.1.2　物质流为主的模式

下面以造纸业和营林业为例，在物质运动机理的微观层面上研究物质流循环流动关系。图 6.1 以常用的碱法制浆工艺为例，给出了物质循环模型，该模型将原料生产、制浆造纸、消费等物质环节联系成一个有机整体，在比较微观的层面上具体描述了制浆造纸、森林资源培育、生态及环境之间的良性循环关系。

图 6.1 所示的模型中包含了多条物质流子循环链，归纳起来可以分为以下 5 种循环类型。

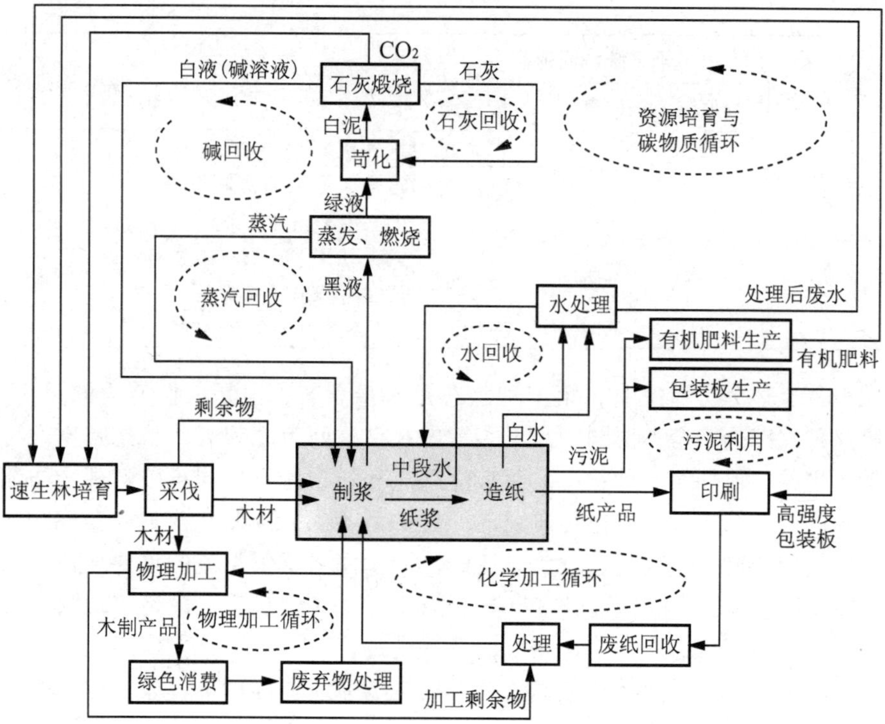

图 6.1　以物质流为主的协同发展模型

1. 制浆造纸循环链(化学加工循环链)

木材原料用于制浆造纸，经一系列复杂的化学加工过程形成了纸产品，供消费者使用。然后，将消费者使用后的废弃纸品回收，经适当处理后再次作为制浆造纸的原料，循环使用。

2. 木材加工循环链(物理加工循环链)

木材经过机械加工形成木制产品供消费者使用，然后将消费者使用后的废弃木制品回收。经适当处理后，一部分仍可用于其他木制品的加工，形成木材加工循环链；另一部分则作为木材原料用于制浆造纸，进入制浆造纸循环链重复使用。

3. 制浆造纸原料回收利用循环链

木材纤维制浆造纸过程中所投入的化学物品、水、能源等都可以在使用过程中不断回收。经过处理后，除一部分损耗外，大部分仍可以循环使用。这些循环利用包括：碱回收、石灰回收、水回收、蒸汽回收等。

4. 造纸污泥和废水的再利用循环链

在造纸污泥的利用方面，一方面可以采用施胶和高压工艺，生产高强度包装板，用于成品纸或其他产品的包装，以节约木材用量；另一方面，可以利用污泥中的木质纤维素和氮素等有用物质，开发速生材专用复合肥和土壤改良剂，用于造纸原料林的培育。此外，制浆造纸的废水经过处理后，除去了有害物质，并保留了丰富的有机物质，可以用于灌溉林地，有利于林木生长。

5. 自然界的碳循环链

在自然系统中，碳以木材的形式进入林纸一体化供应链的循环过程，废液和能源的燃烧以及社会经济系统中所形成 CO_2，由树木吸收回到林木中。这种碳的大循环对抑制大气中 CO_2浓度增高、改善生态环境和保护人类生存条件起到了重要作用。

6.1.3 能量流为主的模式

物质不灭和能量守衡是大自然的客观规律，无论人工干预的程度如何，物质流都可以实现循环，能量流也是如此。不同的是对能量流而言，还有热力学第二定律，即关于能量传递方向和转化效率的规律，在能量转换中除一部分继续传递和做功外，另一部分将以热的形式散失，并且能量传递具有单向性。因此，对于林业供应链协同发展而言，人类能做的工作主要有两方面：一是提高能量的利用率，比如节能减排的各项有效措施和技术；二是发展和利用生物质能，因为其他能源如煤、石油等是有限的，并且过度使用会引起“温室效应”，这无论是对社会还是林业而言都是不利的。

有了这样的认识，不妨给出以能量流为主的林业供应链协同发展模式（图 6.2），这里仍以林纸一体化为例。

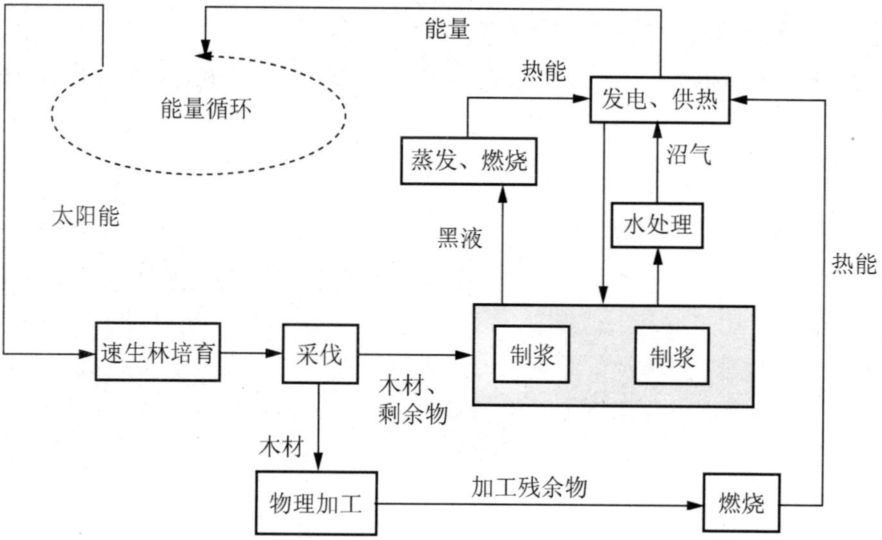

图 6.2　以能量流为主的林业供应链协同发展模式

这种模式下重点关注能量的利用率，在不同的行业可以有不同的解决方法，对于造纸业而言，这里解决了黑液处理过程中的能量利用问题，并可以在水处理过程中对厌氧水进行处理每天可产生许多沼气，如进行了改造可全部用于火电厂发电，当然还有其他的能量利用技术和手段。此外，无论是造纸业还是林业产业的其他行业，采伐或后续加工中出现的残余物都可作为生物质能源进行利用，进一步地，有了林业这一环节就可以实现自然界的大能量循环，特别是对太阳能的利用。

6.1.4　三流协同发展的模式

事实上，物质流的协同与能量流的协同是分不开的，因为物质流如果不协同必然带来更多无效的能耗，而且许多物质本身就是能量的另一种存在方式，比如化学能，所以对于林业供应链而言，三流的协同不是孤立的，并且只有三流同时协同才能达到系统效率最优。因此实现三流协同发展的模式如图 6.3 所示，图中未表达信息流，即认为涉及的环节之间信息流是畅通的，6.2 节将专门分析。

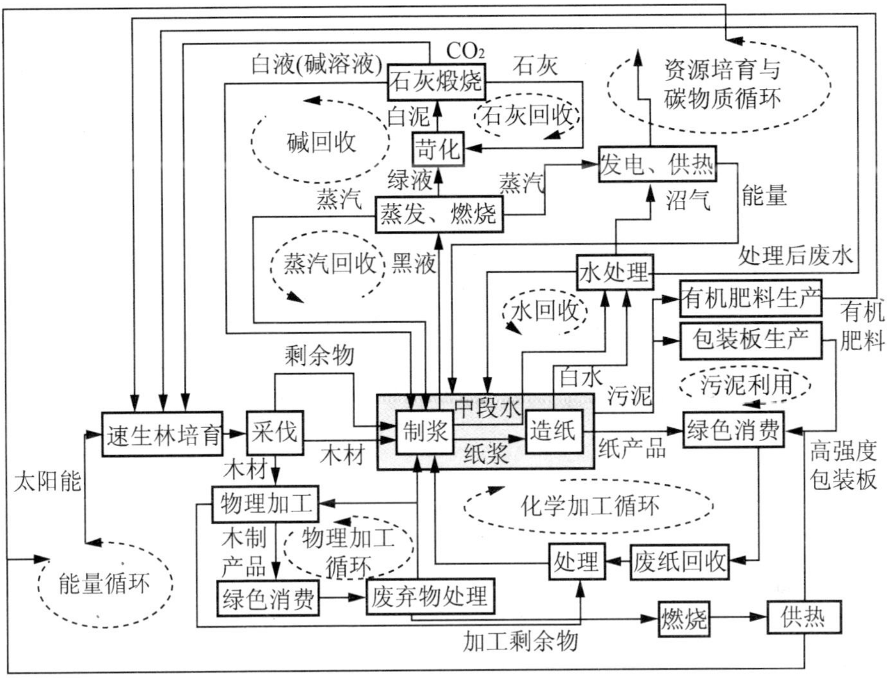

图 6.3 三流协同的发展模式

6.2 基于节点协同的运用模式

前面讨论了基于流的协同发展模式，而供应链是由一个个节点构成的，这种协同还要通过节点的协同来实现，并且这种协同也是首先以信息流协同为首要前提的，也就是说节点间的协同首先是要信息共享、信息流畅通，进一步产生合作从而实现物质流和能量流的协同。因此这里主要分析节点间的合作行为，这是产生协同效应的基础。

对于供应链协同发展而言，具体实现中必然涉及各节点的合作，合作方涉及供应链的各个环节并有许多种方式，但对林业供应链而言，最重要的是与林业的合作，其他节点的合作与普通供应链管理相似，本书不再讨论。下面以林纸一体化为例对几类常见合作方式进行分析，主要分析造纸企业(以下称公司)与营林企业或其他组织的合作，研究其优缺点和适用范围，以便运用时加以选择。

6.2.1 自营为主的模式

这种模式最大的特点是公司对林地有经营绝对控制权和控制能力，专门成立营林公司负责经营，出现问题能及时得到控制和解决，从而使林地经营管理更加科学化，原料来源能得到保证；在提高种苗技术，加强作业管理，改善运作机制的情况下，便于大规模作业，成本降低，效益提高；所生产木材全部由公司回收，在总的利润中公司所占比例较高。这对于实现“协同发展”是相当有利的，不足之处在于，公司投入资金较多。下面就一些具体实现方式加以分析。

1. 整体收购

整体收购是指在一些治安条件好的商品林区根据当前采伐额紧张、林木采伐年龄受限的状况，一些私有林或集体林急于变现的要求，对现有林木和林地进行整体转让，而有条件的浆纸企业通过合法途径对其进行全面接收的一种做法。这种方法可以使林木所有者在不办理采伐许可证的情况下，一次性的得到一笔较大收入，同时又能盘活土地，在转让后获得一定的资金，这样既盘活了林木林地的存量资产，又改善了林农生活，还有利于地方公益事业的发展。

整体收购方式的优点是：①获得林地时间短；②可迅速使原料林基地的总面积增大；③整体收购的部分林木，既包括了杨树等速生树种，同时又包括大量的松、杉等其他树种，就等于建立了长纤维浆的基地，比重新开始造林起到立竿见影的效果，也就是说可直接得到天然林作为后备资源。

整体收购方式的缺点是：①由于国家政策调整，造林已经不是低效产业，而是回报率较高的行业，土地越来越少，越来越值钱，有些农民想留着自营或分成合作造林而不愿出租和转让；②公司投入资金较多，自营造林一单位面积的投资金额可得的木材量相当于二单位面积的委托合作造林、三单位面积的订单林业、十单位面积以上的“公司＋农户”；③造林、管护、采伐所有过程都由公司来承担，管理费用高、风险大。

整体收购方式的适用范围是：自营造林取得的土地经营期较长，基地建设由公司控制，在不断提高技术水平、管理水平和改善机制的条件下，能持续获得较高的经济效益。可在浆厂(造纸厂)附近的核心区，立地条件好、治安状况佳、地方政府支持力度大的地方，造林资金又相对充足时大力发展。

2. 长期租赁(租金形式)

长期租赁是通过签订长期租赁合同，对现有林木和林地进行整体租赁经营，营林者没有所有权的一种做法。这种方法可以使林木所有者在不失去林木所有权的情况下，获得较多资金，相对前一种模式而言，营林方的出资也较少。

租金形式长期租赁方式的优点是：①由于是长期合同，所以比较稳定；②可迅速使原料林基地的总面积增大；③这种方法一次性由承租方支付所有租金，也可以分期支付，这样缓解了资金的压力；④由于只是租赁土地，所以不必要考虑林场职工等安置问题，相反，可以将土地转租或重新分配给需要且有能力的人，也就是说可实现生产力的重新配置。

租金形式长期租赁方式的缺点是：①不愿出租和转让同样是最大问题；②投入资金仍然较多，主要是营林上的，但比整体收购压力要小一些；③造林、管护、采伐所有过程同样由公司来承担，管理费用高、风险大、损耗多；④由于承租期长，土地价格看涨，租金可能是动态支付的，并可能是不断上涨的，未来若干年内，如果双方意见不一致可能导致出租方不愿再出租的风险。

租金形式长期租赁方式的适用范围是：①不能整体收购且可能长期租赁的林地，考虑到管理及物流因素，地点离浆厂越近越好，但不是主要限制因素；②除此以外还有一类林地可租赁，就是该地区无实际营林力量(主要是劳动力)，比如劳动力进城打工等，通常可能租赁。

3. 长期租赁(分成形式)

这种形式与第二种形式不同之处在于租金的支付方式，最常见的形式是先一次性支付相当的资金，然后每年分成(或按合同至采伐期分)，分成以产出的林木当时的市场价格为准进行“二八分成”、“三七分成”等。

长期租赁方式(分成形式)与第二种形式比，最大的优点在于双方均无需担心木材市场的价格波动。

长期租赁方式(分成形式)的缺点是：每年的木材市场价格是不同的，甚至每天的价格都不同，结算时以哪个价格为准是一个要商定的问题，有时可能因统计口径不同而产生争议。

长期租赁方式(分成形式)的适用范围基本上同第二种形式。

6.2.2 合作为主的模式

长期以来，浆纸企业和林地所有者或林业个体大户之间存在着两大矛盾：资金和林地的矛盾、企业集约化经营和林地分散的矛盾。传统的自营造林模式因这两个矛盾而举步维艰，合作造林很好地解决了当前造林中存在的这两大矛盾。

1. 股份制合作

股份制是最常见的合作方式，双方或多方共同出资，共同管理，林场可以用林地或林木入股，利润按一定的规则分成。由于各参与方的出资力度不同，投入的管理成本不同，因此关于利润分成比例不能一概而论。

股份制合作方式的优点是：①能充分吸引和利用各方资金，使得规模可以迅速扩张，得到林地资源的速度也快，由于林场可以用林地或林木作为资本入股，使林场无须另外寻找资金，实现起来比较容易；②由于双方都占股份，即都以“所有者”的身份经营，容易形成主人翁精神，从而充分调动各方积极性，合作期限长且稳定；③便于规模化、集约化经营，容易实现科学管理，有利于与林业生态系统实现“互利共生”；④对于公司而言，投入的资金量相对自营要小一些，资金压力较小，管理风险双方共同承担，公司经营风险小，管理费用较低，公司的收入较高。

股份制合作方式的缺点是：①从管理机制上看，应是双方共同管理，这就存在许多协调问题，尽管从理论上讲董事会以及总经理负责制是有效的形式，但实际运作过程中的效率问题仍可能出现；②林地以及林木的估价有一定实现难度和争议，如果公司为大股东则涉及林权变更问题，政策和具体办法上存在限制；③与自营林相比，同样存在职工安置问题，以及其他不良资产的处理问题，后续的管理成本较大。

股份制合作方式的适用范围是：适用于较大规模的林场，特别是不急于变现或资金相对充足、参与管理意愿强烈的，或是不愿意接受收购、租赁等形式的。

2. 订单林

订单林业是指由出资方出资给林地使用者，通过一定的法律程序按一定的金额支付后，在主伐时后者以约定数量的木材作为回报，其余剩余木材再按市场价格卖给投资方的一种合作造林模式。这种方式不等同于委托造林，主要在于公司一方面要投入资金，另一方要进行技术指导，对于林农，一方面投入了林地，另一方面投入了劳动，是一种双方都投入劳动的合作行为。

订单林方式的优点是：①能充分利用大量分散和零星的林地资源，解决林农手中有地但无资金造林，投资者有钱却又找不到足够的具有一定规模的林地等问题；②减少了投资者的管理环节(即投资者只监督生产和技术指导)，增加了林农在造林中的主动权，使得合作双方都能获得最佳效益；③存在的各种纠纷和矛盾少，因为订单林业的实施及管理方式比较简单，利益与造林管护者直接挂钩，责任明确，只要林农用心去护理，产量就高，收入更多；④充分利用分散和零星的林地造林，可避免大面积采伐，更符合环境保护的要求；⑤林地所有者不仅在投资中能获取大部分的劳务收入，而且将来单位面积林地的收益也大大高于以出租或合作分成等方式造林所获得的利益，这种结果是各级政府所愿意看到和给予鼓励的；⑥订单林业的这种灵活的基地造林方式和以前的农业的联产承包责任制的模式相仿，责任落实到具体的人，双方相互制约，协调发展；⑦订单林业这种方式如期货一样，不受市场的价格变化，原料林的成本已经固定，如果以后木材有所涨价，也不会影响原料林的成本；⑧占用的资金量不大，管理风险责任在合作方，公司经营风险小，管理费用极低，木材单位成本较低，公司的收入较高；⑨如果合作双方的收入都比较合理，两者收益的比例适当，合作关系比较稳定。

订单林方式的缺点是：①难以形成规模化和集约经营，整体效率较低；②合作以经济利益为主，虽然有技术上的投入，但投入有限而且林农不一定完全照做，较难实现互利共生；③同自营造林相比，公司单位面积林地所获的木材量较少；④合作期限较短，土地经营一般只有12年；⑤这会形成类似于基地的管理方式，但公司对此基本难以控制，在技术改进、资源(如水)循环利用等方面也难以提升。此外，这种方式存在一定的风险：前期风险，从投资者的角度来讲，投资者所支付的造林资金能否被合作方全用在造林上或者只用一部分；中期风险，合作方若无造林的经验，加之管理不好，能否按投资者的要求达到产量；后期风险，若合作方在过了几年后发现市场木材的价格比与投资者签订合同合作时上涨了很多，他会不会不按已签好的合同办事，而是将木材卖给别人。

订单林方式的适用范围是：订单林业能充分利用公司不易租到的土地，占用资金较少，经营风险低，管理容易费用低，所得木材成本低且稳定，适宜在小规模林场、造林大户和拥有一定量土地的机关干部中推广，对于林农散户由于涉及太多精力，不太适合使用此方式。

3. 公司+农户

这种方式是公司直接与农户合作，其他与订单林相同。

“公司+农户”方式的优点是：能充分利用零星土地，能在短时间内集中大量的土地进行造林，使公司今后在核心区的木材总量增大，这样就能够在地方政策的保护下，控制木材外流，使木材的市场价格得到平抑。

“公司+农户”方式的缺点是：参与的农户众多、分散，组织、管理难度较大；所获得木材价格比其他几种造林模式偏高。

“公司+农户”方式的适用范围是：这种模式适用于林地离浆厂距离较近的地区，并且公司具备相应的精力来管理的情况。

6.2.3 委托为主的模式（订金林）

委托为主的方式是公司不多参于造林、营林以及林木收集等工作，而是委托其他单位或公司完成，并支付相应报酬的一种方式，通常这种方式需要的资金量小、管理简单、风险基本由被委托方承担。

具体实现中，由于最常见的形式是先支付订金，所以许多文献也称为“订金林”。公司或村委拥有林木所有权、处置权和受益权，但是在收取了预付订金后必须将林木交售给公司。订金林完全由农户管理，避免了公司陷入繁重的林地管理中，不必要处理若干与当地的纠纷。

这种方式对于林地而言，可能因缺乏科学管理而不利于“互利共生”的实现，并且受被委托方水平和实力的限制，以及市场的变化影响，可能存在林木资源保证不力的风险。然而，无论如何这在现阶段是一种必要的补充，因为这种方式可以方便地获得更多林木原料，特别是来自于林农散户的原料。

1. 委托村委

考虑到现实条件，应对广大农户的林木加以收集和利用，以此获得更多资源，并作为上述合作方式必要的补充，特别是林权改革使得林权分散，有必要进行公司与林农的直接合作或交易。但是公司的精力有限，因此可委托村委代行其责，公司支付相应酬金，通常公司先支付收购林木的订金。

一种常见的方式为：公司签订土地承包合同，以土地承包费及苗木款作预付订金，在林木成熟后，农户或村委交售木材时将订金扣回，这是一种时间较长的方式。

另一种常见方式为：每年初预付活立木订金，通过政府下达交售木材任务，当年在收购木材时将预付款扣回，这种方式每年都要支付订金，但每年都有木材，适用于复合树龄地区。

总体来说，这种方式适用于村委会拥有足够的“话语权”或是管理能力的地区，当然公司也可以与其产生其他方式的合作。

2. 委托公司

这种方式的合作方是另一独立公司，华泰将有关收购业务外委给该公司并支付相应酬金(通常也要先支付相应订金)，当然该公司也可能介入到有关技术指导等其他营林活动中从而扩大其业务范围。

显然，这种方式适用于村委会不能完成相应委托使命或由另一公司完成更好的情况。

6.3 基于流协同的评价方法

关于供应链的评价问题第1章已进行了综述，有很多方法可以应用，对于林业供应链而言也基本适用，由于研究的是林业供应链的协同发展问题，并将此看成一个复合大系统，所以本章主要从系统的视角探讨一些评价的方法。与前文对应，这里涉及的方法有：基于“流”的协同评价，主要从各股流的“流向”、“位势”、“流速”的角度对系统有序程度进行分析和评价；基于“节点”的协同评价，找到系统发展不同阶段的慢松弛变量(序参量)并分层次建立评价指标体系。

6.3.1 基本概念

1. 协同度

协同度，即协同的程度，是系统内各子系统或要素之间在发展、演化过程中彼此和谐一致的程度，是评价供应链协同效率的测度，也是对其进行结构和功能改造的客观尺度。协同程度与协同实践效率成正相关关系，其本质特征和内在机制可以用自组织有序度来表征。协同学告诉我们，系统在一定外界条件下，可以通过其内部各元素、各子系统之间的协同作用，使系统从混沌无序状态向有序状态、从低级有序状态或高级有序状态发生演变，自发形成时间上、空间上以及功能上的有序宏观结构。因此，系统内部各元素、各子系统之间的协同程度的高低与系统整体上的有序程度是直接相关的。

2. 有序度、自组织有序度

有序度是系统结构、功能有规则和有秩序的程度。有序与无序和混沌相对应，其内涵是各子系统间或要素间彼此关联强度与独立强度之比，比值高则有序度也高。

自组织有序度是衡量自组织有序性集体行为协调效率参量的标度。从供应链节点企业之间关系角度看，自组织有序度的层次有松散联合型、功能互补型、整体结构与功能融合型。对于林业供应链，自组织有序度的含义是不同的子系统或不同的主体在共同的外界压力和共同的利益驱动下，通过对目标关联度的认同，自愿结成协同的统一体，为了统一的目标实现而彼此协调行动，有条不紊地配合，逐步达到子系统功能发挥的最佳状态。从供应链的协同运行角度，自组织有序度是供应链节点关系的协同产生的运行效果，实现协同要靠相应的协同机制。

3. 流通水平

本节主要从物质流、能量流与信息流的角度来研究大系统的协同问题。如果把物质流、能量流与信息流抽象成为一股具有流速的纯粹流动的流体来看，可以从它们的流通水平给出物质流、能量流与信息流的协同评价模型。

支撑和维系物质、能量、信息三者有机联系的是“流通”。而流通又是各种驱动势(驱动力)聚合作用的结果。物质、能量与信息的流通水平主要取决于各种驱动势的“聚合”程度。

4. 势协同度

各流驱动势在物质流、能量流与信息流的协同过程中有着非常重要的作用，而势可以用相关势函数来表达。当各流驱动势的大小和方向发生变化时，都会直接影响物质流、能量流与信息流的流量、流速及流通水平，从而影响物质流、能量流与信息流的协同效果，进而影响系统向有序发展的演替过程。因此可以用势协同度的概念来表示物质流、能量流与信息流之间的协同程度。

定义：设$\overrightarrow{F_i}$为驱动某流流动的第$i(i=1,2,\cdots)$个驱动势，$\overrightarrow{F_a}$为第a个流驱动势，$\overrightarrow{F_b}$为第b个流驱动势，$\alpha_{a,b}$为$\overrightarrow{F_a}$与$\overrightarrow{F_b}$之间的夹角。其中，$1\leqslant a\leqslant n$，$1\leqslant b\leqslant n$，$a\neq b$。则定义$\overrightarrow{F_a}$与$\overrightarrow{F_a}$之间的势协同度$S_{a,b}$为

$$S_{a,b}=\cos\alpha_{a,b} \tag{6-1}$$

6.3.2 势协同度模型

系统的协同性可以体现在物质流、能量流与信息流这3类流总体流通性能(流通结构)的协同上，可用协同势来分析。具体表现为以下两个层次：第一，各单股流中的各驱动势要协同。也就是对于单一的物质流、能量流和信息流，各种流的不同驱动势要尽可能协调一致，即各驱动势的方向尽可能趋于一致；第二，三股流的3个总驱动势要协同。对于物质流、能量流和信息流的各总驱动势要尽可能协调一致，即系统中各股流的流速的方向要尽可能协调一致，否则系统为混沌无序状态。在林业供应链系统中，对与物质流和能量流而言，其流向是正向(暂不考虑逆物流)，即从林木种植开始到林产品的最终消费者，信息流是交互的，但考虑到供应链管理以消费者信息驱动为主，所以可以认为流向是逆向的。

1. 单股流的驱动势协同

先考虑第一个层次，即某单股流的驱动势协同，物质流、能量流与信息流的主体分别是物质、能量与信息，当存在某种驱动势(驱动力)去驱动物质、能量或是信息按照某种方式沿着一定路径在某段时间内发生转移时，便形成了随时间、空间变化的物质流、能量流与信息流。因此，这种

驱动势的存在对流动的形成是至关重要的。并且，驱动势的总方向也影响着物质流、能量流与信息流的流动方向。

通常，驱动物质流动的驱动势根据不同的具体情况存在不同大小及不同数量的驱动势。同样，对于驱动能量与信息流动的驱动势也具有同样的现象。以物质流来说，如果同时存在方向和大小都不相同的 n 种驱动势去驱动其流动的话，就相当于一个物体同时受到 n 个不同大小不同方向的力的作用。在经典物理学中，对于求解这样一个物体的最终移动方向时，主要是通过把这 n 个力进行合成而获得，这是一个非常简单的求解过程。实际上，这个物体的移动方向以及移动速度就是这 n 个大小、方向各不相同的力之间的竞争的结果。显然，当这 n 个力的方向是趋于一致，即这 n 个力两两夹角为 0° 时，物体的移动速度是最大的。因此，对于物质流动过程中，如果驱动其流动的 n 个驱动势的方向趋于一致时，在相同的驱动阻力情况下，物质流的流通是最顺畅的，即流通水平最高。因此，不考虑物质流、能量流与信息流之间的耦合关系，而把物质流、能量流与信息流看作相互独立流动的过程，根据前面对势协同度的定义，可以得到某单股流的驱动势协同度的定义。

定义：设 $\overrightarrow{F_{Ki}}$ 为第 K 股流中（如物质流类）驱动某流流动的第 i（$i=1$，2，…）个驱动势，$\overrightarrow{F_{Ka}}$ 为第 a 个流驱动势，$\overrightarrow{F_{Kb}}$ 为第 b 个流驱动势，$\alpha_{Ka,Kb}$ 为 $\overrightarrow{F_{Ka}}$ 与 $\overrightarrow{F_{Kb}}$ 之间的夹角。其中，$1\leqslant a\leqslant n$，$1\leqslant b\leqslant n$，$a\neq b$。则定义 $\overrightarrow{F_{Ka}}$ 与 $\overrightarrow{F_{Ka}}$ 之间的势协同度 $S_{Ka,Kb}$ 为

$$S_{Ka,Kb}=\cos\alpha_{Ka,Kb} \tag{6-2}$$

如果对于该股流（如物质流）驱动势中任意两个流驱动势都两两满足式 $S_{Ka,Kb}=1$，即 a 与 b 的夹角为 0°，则称该流各驱动势完全协同（协同程度为 100%），此时，该流中的所有驱动势的方向都指向同一个方向，该流总驱动势最大，在阻力不变的情况下，流速最大。

需要说明的是，由于本章主要研究协同程度问题，这里提到的驱动力主要考虑方向，暂不考虑其大小，事实上每种流驱动力的大小也同样重要，对于不同的流可有不同的定义和度量，系统动力学对处理这一类问题显得相对容易一些（有成熟的软件）。对于林业供应链问题如果研究相关节点企业协同的程度，则前面章节中提及的“动因”就是驱动力或驱动势，当然，这同样可分为内部和外部来考虑。

2. 各股流的驱动势协同

系统的协同应当是各股流驱动势都协同，根据第3章的分析仍以物质流、能量流与信息流为主，当确定其流动方向后，即得到了物质流、能量流与信息流各自的总驱动势的方向，同时也明确了物质流、能量流与信息流的流速方向。那么，对于大系统中同一个空间坐标点，在同一时刻都同时存在物质流、能量流与信息流。那么对于大系统中任意两个空间坐标点(可以认为是任意两个子系统)之间在同一时刻进行物质流、能量流与信息流交换的程度的高低主要由物质流、能量流与信息流的相互竞争和合作的结果来决定，而这种竞争和合作主要是以物质流、能量流与信息流的总驱动势的方向来体现。

显而易见的是，如果物质流、能量流与信息流的总驱动势各指一方，这时大系统中任意两个空间坐标点之间进行物质流、能量流与信息流交换的程度最低，也最困难；而如果物质流、能量流与信息流的总驱动势的方向趋于一致，那么大系统中任意两个空间坐标点之间进行物质流、能量流与信息流交换的程度最高，也最充分。而如果要使物质流、能量流与信息流的总驱动势的方向都趋于一致，只要物质流、能量流与信息流各自的总驱动势或流速两两夹角为0°即可。

特别说明的是，对于林业供应链而言，由于信息流的正确流动方向是逆向的，所以作相关分析处理时其矢量前应加负号。同样，根据势协同度的定义，可以得到各股流的势协同度定义。

定义：设$\overrightarrow{F_K}$为某股流的总驱动势，$\overrightarrow{F_A}$为第A股流驱动势，$\overrightarrow{F_B}$为第B股流驱动势，$\alpha_{A,B}$为$\overrightarrow{F_A}$与$\overrightarrow{F_B}$之间的夹角。其中，$1 \leqslant A \leqslant N$，$1 \leqslant B \leqslant N$，$A \neq B$。则定义$\overrightarrow{F_A}$与$\overrightarrow{F_B}$之间的势协同度$S_{A,B}$为

$$S_{A,B} = \cos\alpha_{A,B} \tag{6-3}$$

从上述定义可以看出，势协同度表示各股流、各股流的驱动势以及各股流中各个驱动势之间的协同程度。要使物质流、能量流与信息流从流通结构这个角度来体现完全协同的话，必须首先要使各股流中各个驱动势之间完全协同；其次要使各股流总驱动势完全协同；最终才能保证物质流、能量流与信息流的完全协同。考虑到现实状态，在物质流、能量流与信息流的流动过程中，不可能总是完全协同的，但只要保证势协同度在一定数值以上时，即可认为物质流、能量流与信息流是基本协同的。因此，可以

借用势协同度的概念，来考查同一系统在不同的条件下物质流、能量流与信息流在流通结构中的协同程度，通过比较协同程度的高低，来评价该系统在结构上及功能上的有序度。协同程度越高，系统越有序。这种协同评价方法，简单易行，容易理解。但其中最主要的问题是如何对各种流的“驱动势”进行量化以及对流的分析。这需要针对具体系统，采取某些简化、抽象化的办法来解决。

通常可以分析出影响它们流动状态的主要因素有各股流流结构的层次性和流通性、3种流之间的相关性，以及各股流中组元的数目、种类、层次结构和各层次各组元之间的关系。除此之外，还有各股流的积累和流速。根据系统动力学，凡是在系统内可以用流的概念来描述的状态变化，都存在着积累和流速两个基本概念。积累是指在某一时间间隔内系统内部流的堆积量，是用来描述系统状态的概念。系统中某一时间间隔内积累的增量，等于同一时间间隔内输入流量和输出流量之差。当然，系统中除了物质流产生积累之外，能量流和信息流也存在着相应的累积。而流速则用来表明流的活动状态，是指系统中单位时间内通过的流量。积累表示流动的结果，而流速则表示流动自身的状态。显然，要描述系统的动态特性，“时间”行为具有重要地位，因为研究的是系统随时间的演化过程。由于大系统存在非线性、不可逆性等复杂的特性，故大系统中物质流、能量流和信息流的数学描述通常是高阶非线性偏微分方程。显然，对于不同的大系统，其物质流、能量流和信息流的数学描述应该根据该大系统的具体特性给出具体的方程。

6.4 基于节点协同的评价方法

第4章分析了节点协同的机理，并且提到了序参量和役使原理，所以这里对于节点协同程度的评价主要以序参量为主。

6.4.1 评价的基本思想

序参量之所以能够用以评价系统的有序程度，缘于其自身的定义和内涵，序参量是系统有序结构和有序程度的类型，是系统介入协同运动的集中体现。它通过系统自组织状态维持，系统整体的信息调控作用体现在序参量变化上。它来源于子系统间的协同作用，同时又起支配子系统的作用。当序参量变化时，通过信息反馈调控系统的行为，即调整物质、能量、信息及利益和价值的分配。因此，序参量是决定系统状态和结构的关键参量。

用序参量评价系统的有序程度，首先在于寻求、识别和确定序参量。不同研究领域和不同系统序参量含义也不同。例如，从社会协同学角度看，序参量就是“法律，是法的内容、执行立度和监督力度，这是决定社会大系统是否混乱或有序，以及有序度的层次水平的度量”；从可持续发展的角度，序参量是熵的适度和转化，即可持续发展的关键参量是系统输入的负熵和排出的正熵的限度，即熵产生的适度性和负熵流输入的适度性；从企业发展和生存角度，序参量是具有一定利润的产品的销售额，利润是企业的生存关键，有利润的销售额是企业竞争、生存和发展的基本条件。在上述各领域所指的序参量是若干个参量中最关键的一个。

当系统处于相变点时，序参量决定着相变的方向和相变的结构，如激光系统、电子系统、自动控制系统等，外力的作用分配产生的自适应状态，其序参量的数学方程能够严格地给出，并对其进行求解；而对于林业供应链这类具有显著不确定性的复杂非线性系统，序参量及其方程和方程的求解却难以用纯数学方法解决。因此，需要深刻把握序参量的内涵，对林业供应链的序参量特征进行分析，进而对林业供应链协同评价问题进行探索。

序参量具有明显的时间和空间特性，不仅在不同领域、对不同的复杂系统和从不同的角度，序参量各有不同，而且对于同一个系统中不同时间段，序参量也不同。可以理解为在不同时间段，内、外部环境条件影响和决定系统的空间结构、状态和功能的关键要素是不同的。林业供应链作为复杂开放系统，具有自身的生命期，即供应链的决策阶段、构建阶段、运行阶段和终止阶段(再整合)。在协同供应链决策阶段，通过对内、外部环境和因素的分析，对协同供应链构建的必要性、可行性及其协同效益进行预分析，可称为“可行性研究”；其重点内容是分析企业的核心能力、资源需求和资源能力，即协同动因分析。这一阶段的参量中，资源的互补性和对协同利益的预期则是核心，是序参量。

在协同供应链构建阶段，关键任务是选择合适的合作伙伴加入供应链作为系统的一个节点企业，伙伴的资质水平和信誉、对协同的需求和对协同利益的预期是重点。对合作伙伴的资质水平和信誉的评价、涉及双方“满意”的协同契约是实现协同的保障，只有激励和约束相容的契约才能保证双方在供应链运行中的自觉协同行为。契约设计者(核心企业)的设计思想应从“以己为中心”转变为“互利双赢”。因此，这一阶段的序参量是合作方的资信水平、协同利益预期和协同风险、任务的分担程度。

供应链的协同运行阶段是在协同动力驱动下，实现契约中规定的利益的过程。供应链上各节点企业之间能否持续地协调一致，取决于各节点企业自觉的协同行为和协同的努力程度；协同的自觉行为和努力程度不同，决定供应链系统处于不同的有序状态。如果把序参量看成是协同的时间绩效参数，序参量是供应链的运转速率、资源消耗(成本)、时间、功能和质量的稳定性和适应性等。若从供应链机制角度分析，序参量则是协同动力、协同保障、协同运行和协同风险防范等。在供应链运行阶段所关注的重点是对输出参量进行动态监控、跟踪、反馈和比较，找出偏差并将产生偏差的原因进行分析和纠正，以及对风险进行识别、预警和控制。

因此，林业供应链协同评价按其阶段的进程可分为预评价、过程评价和后评价。不同阶段的评价目的和作用不同：在协同供应链决策阶段，是一种预评价，即“事先”评价，目的在于提高决策的正确性和科学性；在供应链运行阶段，是过程评价，或称为“事中”评价，目的在于掌握供应链协同运行的状态和变化趋势，从而更有效地进行控制，确保实现协同的最终预期效益；在阶段性项目完成后，根据林业供应链的最后输出信息，对其协同性进行的评价是“事后”评价，其目的在于总结经验，找出存在问题，为提升林业供应链协同水平、进行科学决策提供依据。同时，后评价也是对林业供应链协同的实践水平和绩效的测度。

6.4.2 序参量的识别

林业供应链协同运行是各子系统相互作用和协同一致的结果，实现协同的过程也是系统不断演化、达到自组织有序度的过程。若将林业供应链协同机制视为一个系统，协同动力、协同支持保障、协同激励约束、协同风险防范和协同运行则是子系统。协同动力是主体企业参加协同供应链的动因；协同激励约束中的契约是体现节点企业协同效益预期的法律文件；协同支持保障和协同风险防范是实现协同契约的轨道和保证。

根据协同学使役原理，以上各子系统一级序参量是快松弛变量，当外界政治、经济、技术等条件变化时，虽有波动，但由于阻滞作用存在，将会很快衰减；只有协同运行子系统是长期起作用的，而且是对供应链的有序度起主导作用、使役作用的慢松弛变量。根据哈肯关于“协同学的序参量原理和伺服原理(使役原理)的概念可以应用到尚未完全数学化的和很可能从来还没有数学化的科学中”的观点，可以分析和识别林业供应链运行协同中的序参量。

因此，林业供应链协同的关键是其运行的协同。运行协同是实现协同目标的动态过程，运行协同的序参量是协同的绩效指标，包括时间性、资源性、健壮性和适应性。对于林业供应链系统，其绩效指标在进度、质量/功能、资源和成本目标的实现中得以体现，特别地，对于林业产业而言，还有生态方面的绩效。具体来说可以用两级序参量表示。

一级序参量：时间、成本、资源、质量/功能、链节点关系、生态绩效。

二级序参量：时间适应性，信息传递速率与效率，物流畅通程度，对供应链整合的适应性，对外界变化的敏捷性；成本优势，交易成本，紧急采办成本，库存成本；资源与互补，森林面积与积蓄，资源利用率，无形资产增值，资源互补和依赖程度；质量/功能稳定性，质量合格率，返修率，产品替代程度；链节点关系，协同意识及企业文化，沟通程度，信息共享程度，满意度，诚信/败德；生态绩效，CO_2吸收量，废弃物循环利用率，能耗强低率等。

6.4.3 评价指标体系

林业供应链协同的目标是实现供应链整体利益和节点上企业利益的双赢，实现林业生态系统和林业产业系统的共同健康持续发展。具体来说集中体现在价值的增值、成本的降低、效率的提高和生态效应等方面。基于上述对度参量的分析，构建出林业供应链协同运行评价指标体系，见表6－2。

表6-2 林业供应链协同运行评价指标体系

	一级序参量	二级序参量
林业供应链协同运行评价指标体系	生态绩效	CO_2 吸收量
		废弃物循环利用率
		能耗强低率
		森林认证比例
	资源与互补	森林面积与林木积蓄
		林地生产能力
		资源利用率
		无形资产增值
		资源互补和依赖程度
	链节点关系	协同意识及企业文化
		节点间沟通程度
		信息共享程度
		节点成员满意度
		诚信及信任程度
	成本优势	交易成本
		紧急采办成本
		库存成本
	时间适应性	信息传递速率与效率
		物流畅通程度
		对供应链整合的适应性
		对外界变化的敏捷性
	质量/功能稳定性	质量合格率
		返修率与返修后满意程度
		产品替代程度

有了这一指标体系，基本可以对应于特定的评价对象进行评价，需要

说明的是，不同评价对象在不同的时期，各指标的权重和得分不尽相同，应区别对待，并且通常可以用层次分析法结合专家打分得出相应结论，这里不再展开，第7章将涉及具体对象的评价，并且将把基于流的评价和基于节点的评价相结合，从而对具体发展模式进行综合评价，在此基础上进行发展模式的选择和改进。

第7章 林业供应链协同发展的实证研究——以华泰集团为例

前面章节对于林业供应链协同发展的机理、模式和评价等问题分别进行了研究，本章将以华泰集团为例进行实证研究，研究一个典型造纸企业供应链协同发展的模式与实际运作方法，华泰集团以“林-浆-纸一体化”项目作为推手来实现供应链的协同发展的，这是一种典型的营林业与林业产业相结合并实现协同发展的模式。本章内容主要基于2007年开始华泰供应链协同发展的具体模式进行的分析和设计，实施的效果截至2010年。

需要说明的是，本章内容中将分别提到“林纸一体化”和“林-浆-纸一体化”，这是因为华泰有东营和安庆两个大的项目，虽然总体上应是“林-浆-纸一体化”，但实现过程中会有“林纸一体化”的状态，即制浆和造纸还不能完全一体化。

7.1 华泰林业供应链的发展与问题分析

7.1.1 华泰集团概况

华泰集团是以造纸为主，集造纸、化工、印刷、热电、林业、物流、商贸服务于一体的大型企业。集团总资产150亿元，年销售收入过亿元，上交税金5.2亿元，是全国500强企业，是山东省重点调度的24家大型骨干企业和省政府重点培育的20个知名品牌企业之一，是全球最大的新闻纸生产基地，在山东省纳税百强企业中排名第29位，2006年在国家统计局公布的首届全国大企业集团竞争力500强中排名第3位。

华泰集团拥有国家认定的企业技术中心和国家级实验室，在全国同行业第一家挂牌成立博士后科研工作站。华泰股份是山东省同行业第一家A股上市公司，在中国上市公司百强排名第28位，造纸业上市公司综合排名第1位。公司相继通过了2000版ISO 9001国际质量体系认证和ISO 14001

国际环境体系认证；先后荣获“全国五一劳动奖状”、“全国守合同重信用企业”、“国家级重点高新技术企业”、“全国客户满意的十佳造纸企业”等多项省级以上荣誉称号。

集团现有员工1万余人，年生产包括新闻纸、文化纸、包装用纸、生活用纸四大系列100多个规格品种的机制纸能力200万吨，化工及造纸化工助剂100万吨，年承接印刷能力50万色令，日印刷800万对开张。并建设有30万kW热电机组；拥有4条国际一流水平、年产能120万吨的新闻纸生产线，是全球最大的新闻纸生产基地。华泰纸类系列产品荣获山东省产品质量奖，“华泰”牌荣获“山东名牌”、“争创全国名牌”，“华泰”商标不仅是中国驰名商标，还被列入中国最有价值商标500强，排名198位，价值12亿元。华泰新闻纸、胶版纸、书写纸被确定为国家免检产品，产品畅销国内20多个省市，并远销美国、东欧、东南亚等几十个国家和地区。2007年，集团累计收入突破130亿元，实现利税15亿元，自1995年以来，企业综合经济效益一直位居全国同行业前列。

近年来，华泰集团按照科学发展观的要求，以建设资源节约型、环境友好型企业为目标，积极引进先进工艺技术装备，改造、提升传统造纸业，不断推进技术创新和管理创新。在发展中，华泰坚持“资源节约与环境保护并重，生态建设与经济发展同步”的管理方针，狠抓节能环保、节约挖潜和降耗减排，大力发展循环经济，加强资源综合利用，全力打造绿色高效生态纸业，实现了企业稳步、快速、健康发展。

目前华泰进一步加大了产学研结合的力度，先后与中国制浆造纸研究院、华南理工大学和南京林业大学等科研院所合作，重点研究开发生物制浆技术，低定量、低消耗、低污染的造纸技术，每年创造1亿多元的节能效益。

7.1.2 华泰集团供应链建设的进展

华泰集团供应链的发展主要依托相应的林-浆-纸一体化项目，虽然经历了艰难的历程但取得了丰硕的成果，下面从原料林建设、规模的扩张和供应链的发展几个方面分别加以阐述。

1. 原料林的建设

华泰自“九五”末开始，就提出了走“林-浆-纸一体化”发展的路子，并着手建立自己的原料林基地。2002 年 7 月，原国务院总理朱镕基、副总理温家宝视察黄河三角洲时，看到黄河口地区丰富的土地资源，良好的水利条件，当即做出指示：投资 100 亿元，建设 100 万吨浆厂，营造 333 333hm^2造纸速生林。山东省和东营市政府坚定了建设林－浆－纸一体化的信心和决心。每年市政府财政拨款 3 000 万元～4 000 万元，扶持林基地建设，给种林户 3 000 元/hm^2无偿资金，促进造林的发展，为华泰造纸培植原料基地，打下坚实的基础。

2003 年，利用宜林荒地和退耕还林地建设 40 000hm^2速生林及配套年产 30 万吨 APMP 浆厂的目标规划，分别被纳入国家林业局制定的《全国速生丰产林建设工程总体规划》和山东省林业厅制定的《黄河中下游沿岸绿色长廊工程山东省建设原则规划》中。

华泰紧密联合其他企事业单位，采取自营、联营及定向种植等多种形式，2003 年已建成林基地 20 000hm^2。此举对于改善生态环境、加速推进农村产业结构调整、促进农民增收也起到了巨大的推动作用。

2004 年，华泰集团已建立了 3 333hm^2示范林基地，通过以点带面，相继成立了广北农场、龙居镇、明集乡、利津镇等几家示范林区，东营市内已形成了沿路、河、渠，环城、村、园区，农田林网和大片造林相结合的速生林建设布局。华泰集团先后与东营市新林林业有限公司、鹏飞林业开发有限责任公司、垦利县海生培育基地公司、黄河管理局等单位签订了不同形式的长期合同。种植方式主要有三种：①两大国有林场，租赁后成立了集团下属的全资子公司；②无偿提供苗圃和技术指导，并且注入 750～1 500元/hm^2有偿资金，形成半紧密型最低保护价的协议收购方式；③松散型的最低保护价协议收购，公司用 2～3 年的时间将全部改造成紧密型的股份制公司。

2005 年，公司已种植林地 26 667hm^2，4 年以上成材林 5 300hm^2，实现“以林兴农、以纸养林、以林促纸”的指导方针，来调动各方面的积极性。

2. 规模的扩张

“林－浆－纸一体化”需要资金、需要设备、需要技术、需要管理。为此，华泰借助了上市融资并于 2000 年 9 月股票成功上市。2001 年 10 月，当时中国最大的年产 16 万吨新闻纸生产线在华泰一次投运成功，并在国内市场一炮打响，产品供不应求。面对国内良好的发展环境，2002 年，华泰集团又投资 13 亿元从德国福伊特公司购进 1 台全新的年产 25 万吨新闻纸机，这不仅是当时国内投资最大，也是国际一流、亚洲第 1 条应用“同一平台新概念”技术的新闻纸机，2003 年 7 月投产后，填补了国内高档轻量新闻纸的空白。

在随后的 2004 年和 2005 年，华泰集团先后总投资近 50 亿元，从德国福伊特公司量身定造了两台单机产能 40 万吨的高档彩印新闻纸生产线，均是当时全球产能最大、设备最先进、纸幅最宽、车速最快、产品质量档次最高的生产线，分别提前 1 个月和两个月顺利投运。其中 2006 年 10 月投产的年产 45 万吨新闻纸生产线，设计车速 2 000m/min、纸机幅宽 11. 25 m。项目从 2005 年底正式开工建设，到全面竣工投产仅用了 11 个月的时间。投产后华泰新闻纸年生产能力增至 120 万吨以上，约占全国市场总量的 1/3，一跃而成为全球最大的新闻纸生产基地，产品远销美国、英国、印度等世界十几个国家。

此外，2001 年华泰与山东大众报业集团合作成立了大众华泰印务公司，开创了中国“纸报合作”先河。2003 年，引进世界著名的造纸机械商——德国福伊特公司，在华泰建立了覆盖长江以北的造纸维修服务中心。2004 年底，华泰又与世界最大造纸巨头、世界 500 强企业——芬兰斯道拉 · 恩索集团达成合作，在华泰建设年产 20 万吨 SC 纸项目。2006 年 4 月，双方在北京正式签署了合资协议，芬兰总理马蒂 · 万哈宁出席了签字仪式，项目于 2006 年 10 月开工建设并于 2007 年底投产。同年 4 月，华泰又与世界 500 强——美国杜邦公司达成合作，杜邦在本土以外最大的投资项目——东营钛白粉项目配套建设 50 万吨离子膜烧碱项目，由华泰化工集团为其配套供应原料。

2006 年 8 月，华泰战略布局广东，与广东新会双水发电厂有限公司在广东签订合资意向，双方在广东新会合资建设 120 万吨新闻纸和文化用纸生产线，一期建设 40 万吨高档彩印新闻纸项目，为华泰集团全面参与国际市场竞争打下坚实基础。同年，华泰新闻纸出口已达 15 万吨，创汇 8 000 万美元，占全国新闻纸总出口量的 3/4。

3. 供应链的发展

“十五”期间，华泰集团一方面坚持以高新技术改造和提升传统造纸产业，做强做大，另一方面以造纸为中心，分别向横向、纵向延伸，形成了“造纸、化工、印刷、热电、林业、物流、商贸服务”七大产业首尾相连、优势互补的产业集群。

“十五”期间，华泰瞄准市场，坚持原料、能源配套项目与主导产品项目建设同步推进的原则，在上下游产业不断加大投入增上大项目，建立了总资产20亿元、年生产造纸助剂等化工产品80万吨的化工集团；建设了30万kW热电机组；营造了40 000hm^2速生林基地和33 300hm^2芦苇基地；并建设了自己的印刷厂，年承接印刷能力50万色令，日印刷800万对开张，培育壮大了产业链。

另外，为力助造纸主业发展，公司还涉足物流、运输、水利等相关产业，为企业构筑了持续发展大平台。建立全省第一家依托企业的海关监管国际集装箱直通场站和公用型保税仓库，实行口岸、海关、检验检疫联合办公，实现“一关三检”一站式通关；实施引水工程，改造修建1 500万m^3的淄河、裙带河两大水库；以华泰为投资主体的山东省重点建设项目——博兴至广饶地方铁路专运线也已经进入土建施工阶段。这些为集团的大发展、大跨越彻底解决了资源及物流运输瓶颈。

短短几年的时间，华泰打造了独具特色的产业链，各产业都围绕着造纸，但各产业又充分发挥辐射效应，各自不断地做强做大。大产业链里包含小产业链，大循环经济里包含小循环经济，使现有和潜在的资源相互配合与协调，达到了很好的协同效应。从而以最低的成本、最高的效率，使各种经济要素得以优化配置，实现利润的最大化，增强了企业持续发展和抵御市场风险的能力，提升了企业的核心竞争力。

7.1.3 华泰集团供应链协同发展的问题分析

尽管华泰供应链的协同发展取得了丰硕的成果，但是整个发展的过程是非常艰辛的，特别是本研究介入的2007年遇到了许多困难，经分析主要存在以下问题。

1. 资金的缺乏

尽管华泰前几年取得了飞速发展，规模得以迅速扩张，也积累了相当多的资本，但林-浆-纸一体化项目通常较大，需要投入的资金量很大，而且投资周期长，没有足够的资金实力是不行的。

为此，华泰除了自有资本金能得以合理运用以外，面临一个重要的问题——融资。融资方法可以有许多，比如：争取国家对林－浆－纸一体化项目的支持；争取从银行得到贷款的支持；采取各种合作的方式运作等。具体采用何种方式融资应从全局考虑。

2. 技术上的不足

华泰在长期的发展中不断引进新的造纸技术，不断与其他科研院所合作形成了许多科研成果，但是从更大规模的林－浆－纸一体化项目来看，特别是和发达国家相比，差距仍很大。特别是育林营林技术、新工艺造纸技术、环保技术等，因为相关技术已不局限于造纸，而是整体产业链上的各相关技术都要有支撑，加强这方面的投入是必由之路。

3. 供应链有待于进一步整合

经过几年的运营，华泰已经初步形成了“造纸、化工、印刷、热电、林业、物流、商贸服务”七大产业首尾相连、优势互补的产业集群。但从供应链的角度看，供应链上的各环节联系尚不够紧密，协作机制尚不完善，许多资源可以进一步优化和整合，从而实现整体供应链的低成本、环保、高效运作。

4. 投入机制上的资本循环机制尚未形成

营林投资公司作为林业部门的经营主体，但目前仍未获得木材生产经营权，基地采伐后，木材经营利润被截留，再生产资金也随之消失，要扩大基地造林规模和开展幼林抚育等经营活动，只好另外再筹资金，导致生产经营的主动性差，造成资金使用的不良循环。而制浆造纸企业有限的投资又难以建立较大规模的原料林基地。从地租、抚育、管理到成熟，每公顷需较大的投资，这么大的投资靠制浆造纸企业自身动作几乎是不可能的。目前，我国林－浆－纸一体化投资机制的现状是：营林业由于育林资金的严重短缺，不能根据造纸业原料的需要进行定向培育；造纸业对营林业资金回流中断又严重地制约原料供给量的提高，造成林业发展乏力。两股矛盾相互交织在一起，形成恶性循环。

5. 林纸两业利益共享、风险共担的联合机制尚未形成

目前的造纸用材大多是买卖关系，为了维持纸厂的用材，不少地方曾

制定了硬性规定，甚至采用行政手段，低价供应纸厂原料，损害了营林生产者、经营者的利益，挫伤了他们的积极性。这种以减少营林生产者的利益为代价来换取的利润转移是不符合市场经济运作规律的。在市场经济体制不断完善的条件下，如何正确处理好三者之间的关系，形成利益共享、风险共担的林－浆－纸绿色供应链的联合机制，有待研究和落实。

6. 与林农的合作机制有待于进一步探讨

全国正在进行的集体林权制度改革，是一场涉及亿万农民切身利益的变革，有利于激发广大林农和各种社会力量投身林业建设的积极性，解放和发展林业生产力，实现社会的持续健康发展。

但在实际操作过程中还是有不少实际问题和困难的。一个普遍存在的问题是，从森林经理角度看，营林更应采取规模经营、集约经营的方式，而这与林改中出现的林权分散、经营单位变小、林农思想不一致等新情况相矛盾。因此各地营林单位都在探索各种合作经营的新模式。

7.2　华泰供应链协同发展模式的总体设计与选择

第6章已分别从流和节点的角度对林业供应链协同发展的模式进行了分析，这两者不是完全孤立的，相对而言流的视角更注重于总体结构，而节点的视角则更注重与具体实现或合作的方式，华泰应根据自身的特点确定合适的模式，下面兼顾流和节点对华泰供应链发展的模式进行分析、设计并加以选择，相对而言偏重于总体结构的设计，具体的实现方式见下一节的详细设计。

7.2.1　华泰供应链协同发展模式的总体设计

总体来说，供应链的结构主要涉及两大问题：一是对供应链结构与节点的选择，这涉及相关行业的选择和供应链发展的方向，也涉及前面所说的3种流的结构；二是节点的控制程度，这涉及华泰与各参与节点的关系以及如何管理问题，进一步地影响到协同发展的程度和效果，因此根据控制程度的不同将参与的节点企业分为：核心层、紧密层、半紧密层和松散层。根据华泰的实际情况，可以设计出以下3种供应链协同发展的总体模式。

1. 少节点快流速结构模式

在少节点快流速结构模式下(图7.1)，供应链长度较短，参与节点较少，供应链中的各股流的流速较快，华泰可以专注自己的核心业务，重点控制造纸、制浆、营林这林业供应链的最重要部分，以此作为核心层并实施重点控制。造纸必需的能源和化工原料也是正常运转的基本保证，并由此形成污水、热电和污泥加工成肥料的循环利用，这一部分作为紧密层管理并控股。

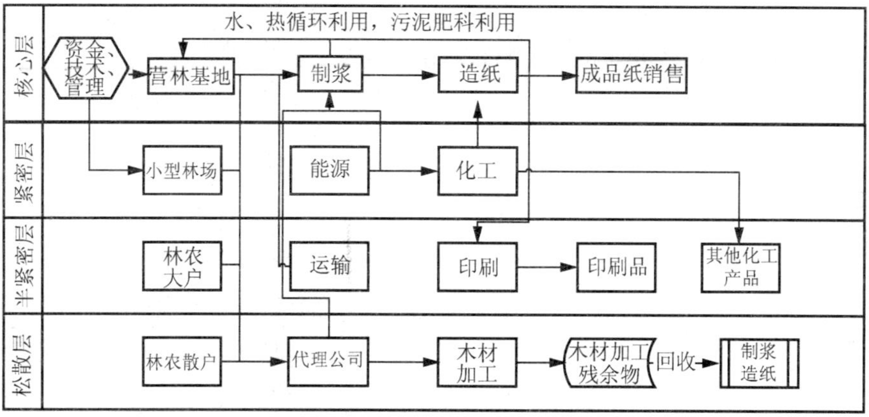

图7.1 少节点快流速结构模式

由于华泰能集中力量在营林上，可以运用合理的营林技术，进行科学的管理，可实现林区的健康持续发展，对于重点控制的林地生态环境是有利的，在营林、制浆、造纸这一局部领域范围内形成协同发展的状态。重点控制的林地通常为营林基地，可以考虑扩充至其他小型林场。此时无论与重点控制的林地采取何作合作方式，一定要有足够的控制权，有足够的资金、人才和技术投入。但对于非重点控制的林地，则难以全面实现协同发展。

供应链的其他重要环节，如：能源副产品、其他化工产品、印刷、运输等纳入半紧密或松散层外包，并建立长期合作关系。对于林农散户、木材加工等，纳入松散层管理，此外，可与代理公司合作完成林农散户的林木收集、木材加工残余物的回收等工作，各参与企业各自都是独立的法人实体，自主经营，自负盈亏，以市场的平等交换和公平买卖为主。

组织结构采用最普遍采用的董事会形式，董事会成员由核心层和紧密层企业的厂长、经理担任，董事会负责聘任总经理。适用于由一个单体造纸企业通过全资拥有、控股、参股等资本运作形式迅速组建的林－浆－纸企业集团。事实上，这一组织设置是沿袭的单体大企业、大公司的领导体制，当供应链发展到一定阶段以后，就需要对这种领导体制做出相应调整，以便使供应链能够进一步扩大规模和实现高效。

2. 多节点大流量结构模式

在多节点大流量结构模式下（图 7.2），供应链中参与的节点较多，并且应实现大量的物质流和能量流的循环，华泰控制的林地规模更大，合作方式也更灵活，对林地的控制程度不如第一种模式，所以管理中可控性减弱，并且由于力量有限，对林地的平均投入力度相应减弱，所以只能确保做到对林业生态系统没有太大伤害，谈不上有利于林业生态系统。相应地，华泰可以把供应链管理得更好，充分合理地利用资源，从而有利于林业产业的健康发展。

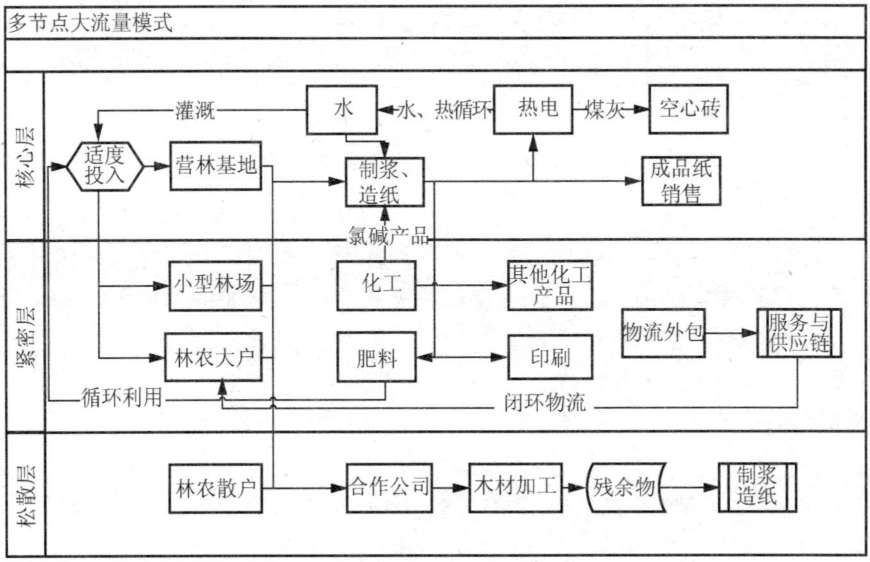

图 7.2　多节点大流量结构模式

华泰的工作重点放在供应链管理上，供应链长度较长，组织结构较扁平，华泰应和其他企业或单位进行深度合作，进行资源的整合，从而实现整体供应链的高效运作。具体实现时仍然重点控制造纸、制浆、营林这一林业供应链的核心部分，并形成污水、热电和污泥的小循环利用，同时投入相当的资金和人力用于供应链的整合和管理，从而实现营林、加工、制浆、造纸、能源、化工、印刷、运输这一闭环供应链的低成本和高效率，提高整体供应链的竞争力并形成更大的物质流、能量流、资金流以及废弃物循环。

这种模式需要更多更大的投资并与其他投资方共同管理和分享利益，对核心企业要求有较强的融资能力和控制能力，能源、化工、印刷等业务以整合为主，为整体供应链服务的物流业务基本以外包为主，但要重点控制。

本模式有利于规模的扩张，有利于供应链的整合并形成核心的闭环供应链物流，不同行业或子公司之间的协作程度提高，但本模式战线长，对供应链管理能力要求高。

3. 多节点多流循环结构模式

要实现更大规模的协同发展，必须实现物质流、能量流和信息流在更大范围内的循环，不但要求流速高、流量大，而且要求各股流的种类多，比如对于物质流而言，应最大限度进行废物的利用，相应地环保程度则更高，所以对生态的影响最小，否则在营林上的投入产出比将下降（这里的产出主要指生态效益）。如果能实现多种物质流、能量流和信息流循环，再加强对林业的投入和管理，可以更大规模地实现与林业供应链的协同发展。

但是要实现这种状态并非易事，除非管理和控制得好，系统中的节点增加会有减少流速或流量的作用，而要增加各股流循环的种类又必须增加相应的节点，这是一对矛盾，这样对于供应链中参与的节点要有取舍，控制程度也应作相应调整。由于供应链中涉及许多行业和环节，比如化工、印刷、物流等，并不是每个行业华泰都能熟悉和控制的，特别是一些关键行业如果不能控制则存在较强的不确定性，特别是对物质循环起重要作用的行业，因此可以对相应行业进行必要的投入或控股，自己控制其核心技术和资源。经分析，华泰优先考虑控制的行业是物流业和化工业。

这种模式下供应链的长度介于上述两种之间，仍然需要进行整合，核心层除了营林、制浆造纸外，还应包括热电、物流和化工，这样有利于集团内部废物的循环利用，可采用渗透战略，即逐步进入自己以前没进入的领域。热电、物流和化工的延伸产品以及印刷业能产生利润并应得到控制，这些可作为紧密层控制和管理，其他行业不妨作为松散层进行管理（图 7.3）。

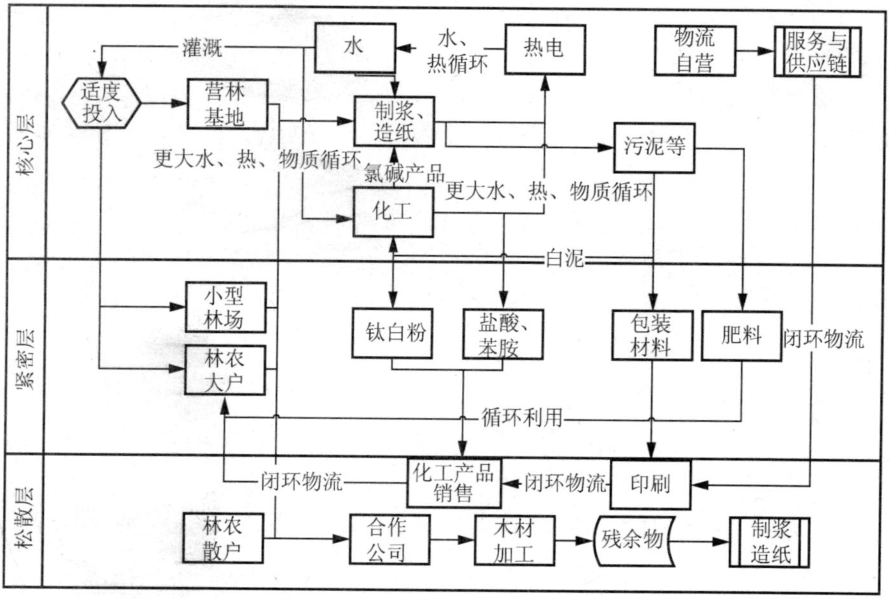

图 7.3 多节点多流循环结构模式

但是，这种结构模式需要的资金量大，不但要对拟渗透行业进行投资，而且要对林业进行投资，并且需要的资金量都相当可观，这对公司的融资能力是一个挑战。此外，考虑到资金的持续性，公司的赢利能力有必要进一步增强，这就必然加强对供应链的管理，因此，这种模式的战线仍很长。

值得一提的是，在资金获得或是提高赢利能力方面，不妨打破传统的“投入资源—生产—销售—产生利润”的工业模式，可以考虑投资回报率更高或更快的其他行业，如房产、酒店等，相应的投资也还可以进行再融资。

7.2.2 华泰供应链协同发展模式的评价与选择

1. 评价的方法

这里的工作主要是为了对上述设计的结构模式进行选择和改进，所以相应的评价方法不能太复杂，应具有较强的可操作性。第6章分别介绍了基于流和基于节点的评价方法，这里再次强调这两种方法不是孤立的，而是相互联系的，主要是视角不同。当然这两种方法是可以单独使用的，如果是基于流的评价应从各股流的流向、流速、流量分别进行度量从而得出结果，如果是基于节点的评价则应从各节点间协同的程度入手，对有关序参量进行度量从而得出结果。

这里将两种思想合二为一，即构建一套模糊综合评价指标体系，该体系即能体现关于流的度量又能体现关于序参量的度量，比如对于物质流主要体现为：林地生产力、规模经济性、废物利用率等指标，能量流体现为能耗减低类指标，信息流体现为合作稳定性和信息畅通性指标，将基于节点评价中的序参量整合后得出具体的指标体系（表7－1），这样可操作性较强。

然后请有关专家进行打分并提出建议，即采用专家调查（Delphi）法。调查问卷分为4部分内容：①专家基本情况；②对模型中涉及的评价指标重要性进行比较，从而确定各指标的权重；③根据前文提及华泰的历程和现状，对设计的3种模式的预计实施成果进行满意度打分；④对设计模式的改进意见（开放型问题）。

由于这里的评价主要是看哪种模式更合适于华泰，评价体系的准则层是：资源绩效、价值绩效、生态绩效3类，各准则层下还有相应的统计指标层。专家的评价思路是："如果华泰采用了某模式，请预见其实施效果，并对效果进行评价"，从而可以从设计的3种模式中进行优选和改进。考虑到安庆项目刚刚开始运作，所以在模式的评价方面不多考虑，即以东营为主。

2. 专家的选取

由于供应链发展模式的构建和运作是半结构化和非结构化决策，需要依靠广大专家的专业知识和远见卓识，离开了专家，这项工作是无法进行的。专家选择的合理与否是关系此项工作能否顺利进行，以及最终结果是否合理公正。这里所说的"专家"，是指那些对林业供应链具有一定的专门知识，有丰富的企业管理经验，能为模式的构建和运作提供某些较为深刻见解的人员。

在选择专家时，要考虑专家的代表性。不但要邀请高层学术权威，还要邀请企业界的业务人员和对经济发展较熟悉的经济部门和研究单位人员。在选择专家时，还要考虑专家所属部门和单位的广泛性。由于工作性质和考虑问题的角度不同，不同部门和单位的专家常常持有不同观点，如果通过相互辩论和相互启发，应会使认识向正确方向统一。

对于专家数量的确定，拟定为 15～20 人。研究认为，15 人以上的专家组得出的评价结果具有足够的可信度。基于以上考虑，选择了专家 20 人，专家的构成为：教授 4 人；副教授 6 人；企业中高层以上工作人员 6 人；政府林业部门领导 3 人；中国造纸学会专家 1 人。

3. 评价的结果

将专家对综合评价系统中统计指标层中各个单指标的打分情况进行统计。3 种备选结构模式 M_1、M_2、M_3 的单指标评价调查结果见表 7－1。表中数据是针对各指标 P_{ij}，各模式关于评价等级 $v_k(k=1, 2, \cdots, 5)$ 的隶属度 r_{ijk}，各项指标 P_{ij} 括号中的数字是该指标的权重 W_{ij}。

表 7－1　备选结构模式单指标评价调查结果统计

指标 P_{ij} 及其权重 W_{ij} ＼ 评价等级 v_k		非常满意 v_1			比较满意 v_2			一般 v_3			不太满意 v_4			不满意 v_5		
		M_1	M_2	M_3	M_1	M_2	M_3	M_1	M_2	M_3	M_1	M_2	M_3	M_1	M_2	M_3
资源绩效 $P_1(0.3)$	原料自给率 $P_{11}(0.21)$	3	2	5	2	7	10	2	6	3	7	4	2	6	1	0
	森林面积总量 $P_{12}(0.13)$	2	6	7	3	6	9	3	4	4	6	3	0	6	1	0
	森林蓄积总量 $P_{13}(0.13)$	2	4	7	4	7	4	12	5	6	1	4	2	1	0	1
	林地生产力 $P_{14}(0.16)$	8	4	8	6	4	8	4	9	4	1	2	0	1	1	0
	基地合作稳定性 $P_{15}(0.19)$	5	5	7	4	5	9	6	6	4	4	4	0	1	0	0
	经营风险防范度 $P_{16}(0.18)$	10	2	3	6	4	3	4	9	10	0	3	3	0	2	1

续表

指标 P_{ij}及其权重 W_{ij} \ 评价等级 v_k		非常满意 v_1			比较满意 v_2			一般 v_3			不太满意 v_4			不满意 v_5		
		M_1	M_2	M_3	M_1	M_2	M_3	M_1	M_2	M_3	M_1	M_2	M_3	M_1	M_2	M_3
价值绩效 P_2(0.4)	原料交易成本 P_{21}(0.13)	4	4	5	6	6	7	7	4	6	1	3	2	2	3	0
	共生单元的互利性 P_{22}(0.16)	1	5	7	1	5	6	8	6	5	6	4	2	2	0	0
	规模经济性 P_{23}(0.15)	2	7	3	2	10	2	7	3	5	5	0	7	3	0	3
	空间布局合理性 P_{24}(0.13)	1	8	8	4	8	8	7	4	4	5	0	0	3	0	0
	质量保证能力 P_{25}(0.13)	9	6	4	6	7	3	3	4	6	3	0	4	1	1	3
	共生媒介的畅通性 P_{26}(0.16)	0	8	4	0	11	2	12	1	12	5	0	2	2	0	0
	供应链长度及闭合性 P_{27}(0.14)	0	5	2	0	1	1	6	10	8	8	3	6	5	1	3
生态绩效 P_3(0.3)	纸浆林 CO_2吸收量 P_{31}(0.22)	4	4	10	6	7	6	8	5	4	1	4	0	1	0	0
	能耗降低率 P_{32}(0.21)	1	3	10	3	5	6	14	6	4	1	4	0	1	2	0
	纸循环利用率 P_{33}(0.16)	2	5	8	3	8	4	8	5	10	3	1	1	2	1	0
	废弃物循环利用率 P_{34}(0.19)	3	6	14	7	8	6	9	4	0	1	2	0	0	0	0
	森林认证比例 P_{35}(0.22)	4	6	6	2	9	6	9	2	4	3	0	3	2	3	1

4. 评价结果的处理

对于上面打分结果形成模糊评价矩阵，用模糊综合评价法（这是一种较为常见的方法，计算过程不再给出）分别对各种模式进行分析，即先分别求出每种结构模式资源绩效的模糊评价向量、价值绩效的模糊评价向量、生态绩效的模糊评价向量和总体共生绩效的模糊评价向量，再分别对各结构模糊评价向量进行综合评价值转换，然后再进行比较分析。

经计算，对于少节点大流速结构模式而言

资源绩效的模糊评价向量 $\boldsymbol{B}_1^1$ = [0.259，0.206 5，0.243 5，0.165，0.126]

价值绩效的模糊评价向量 $\boldsymbol{B}_2^1$ = [0.114，0.127，0.365，0.24，0.128 5]

生态绩效的模糊评价向量 $\boldsymbol{B}_3^1$ = [0.143，0.21，0.483 5，0.088，0.059 5]

总体绩效的模糊评价向量 $\boldsymbol{B}^1$ = [0.166 2，0.175 75，0.364 1，0.171 9，0.107 05]

设 C_k 表示第 k 级评语的分数，取值与评语集的等级相对应，以 100 分为满分，采用等差打分法设定相应的综合评价值集合为：

$$\boldsymbol{C} = [C_1, C_2, C_3, C_4, C_5]^{\mathrm{T}} = [100, 80, 60, 40, 20]^{\mathrm{T}}$$

将各模糊评价向量转换为综合评价值为 61.543

对于多节点大流量结构模式而言

资源绩效的模糊评价向量 $\boldsymbol{B}_1^2$ = [0.183 5，0.273 5，0.331 5，0.168 5，0.043]

价值绩效的模糊评价向量 $\boldsymbol{B}_2^2$ = [0.308 5，0.346 5，0.226 5，0.072 5，0.033]

生态绩效的模糊评价向量 $\boldsymbol{B}_3^2$ = [0.238 5，0.368 5，0.218，0.113，0.062]

总体绩效的模糊评价向量 $\boldsymbol{B}^2$ = [0.25，0.331 2，0.255 45，0.113 45，0.044 7]

将各模糊评价向量转换为综合评价值为 72.255。

对于多节点多流循环结构模式而言

资源绩效的模糊评价向量 $\boldsymbol{B}_1^3$ = [0.301，0.366，0.256 5，0.061，0.015 5]

价值绩效的模糊评价向量 $\boldsymbol{B}_2^3$ = [0.235，0.203，0.333 5，0.165 5，0.063]

生态绩效的模糊评价向量 $\boldsymbol{B}_3^3$ = [0.478，0.284，0.21，0.041，0.011]

总体绩效的模糊评价向量 $\boldsymbol{B}^3$ = [0.327 7，0.276 2，0.273 35，0.096 8，0.033 15]

将各模糊评价向量转换为综合评价值为 75.802。

通过以上分析，发现多节点多流循环结构模式的得分最高，但多节点大流量结构模式的得分与之相差不多，于是找到原始专家打分表，对意见差别较大的专家再次进行咨询和交流后，确定了华泰林业供应链协同发展的模式以多节点多流循环结构为主，并适当加以调整。

7.3　华泰林业供应链协同发展模式的详细设计

在上述分析的基础上，对华泰供应链协同发展的模式进行具体设计，设计以前，将征询的专家意见收集整理如下。

（1）总体上来说，东营、安庆两地应因地制宜，灵活运用不同模式，对于东营采用多节点多流循环结构并加以改进，安庆处于发展初期，采用少节点快流速结构，不搞这么长的供应链，化工、印刷、运输等半紧密和松散层外包或建立长期合作关系。

（2）与林场的合作方式应多样化，针对不同地点、不同时机，灵活运用不同的合作方式，并应充分考虑林下套种以提高综合经济效益，但无论采取哪种模式，林地都应尽量纳入紧密层管理。

（3）应将制浆完全控制于紧密层管理，并进行相应投入。

（4）应将各有关科研机构纳入到发展体系中来，并至少应作为半紧密层管理。

（5）加强对节能减排、降低污染、资源循环利用的管理和控制，并应从整体供应链的角度进行，最终实现林业供应链的协同发展。

（6）物流自营并优先保证集团内部需要，但也可以考虑合作并由华泰控股，逐步发展为第三方物流。

（7）对于房产和酒店等产业应考虑作为一种重要的融资渠道，不能单一依赖其产生的现金流。

具体设计时，应充分考察上述专家意见，由于华泰供应链的发展主要依托林－浆－纸一体化项目来进行的，并且相应的项目主要在“东营”和“安庆”两个地区，而这两地的各种情况差别较大，下面分别进行设计。

7.3.1　华泰东营供应链运行模式的详细设计

东营是华泰的大本营，多年来的发展已产生许多积累，所以运行时步子可大一些，总体来说应以多节点多流循环结构模式为主，与林地的合作方式应结合第6章的分析并根据实际情况选用。

1. 华泰东营供应链现状

2004年，山东华泰东营林-浆-纸一体化项目获得国家发改委批复，项目总投资56亿元人民币，列入国家资金优先扶持的第一批林-浆-纸一体化国债项目。

山东华泰东营林-浆-纸一体化项目被列入2006年山东省重点扶持工程、龙头工程。该项目主要是新增一条年产45万吨高档铜版纸生产线，配套建设年产30万吨碱性过氧化物机械木浆生产线、40 000 hm^2 速生丰产原料林基地和两台13.5万kW自备余热发电站。项目总投资约56.037亿元(含外汇约3.9亿美元)，其中固定资产投资约54.3亿元，包括浆纸厂部分约52.07亿元和原料林基地部分2.23亿元；铺底流动资金1.73亿元，包括浆纸厂部分1.67亿元和原料林基地部分620万元。

2005年底投产的年产40万吨高档彩色胶印新闻纸项目是全球最大的新闻纸项目。该项目总投资22.8亿元，全套引进国际著名的造纸机械公司—德国福伊特、芬兰美卓、奥地利安德里滋公司等具有国际顶尖水准的技术装备，各项指标均居世界首位，能够生产34~60g/m^3高质量彩印新闻纸，同时可根据市场需要生产轻胶纸、电话薄纸、字典纸等多个品种，是迄今为止世界上单机产能最大、设备最先进、车速最快、纸幅最宽、质量档次最高的新闻纸生产线。2006年10月，华泰又扩充规模，新增了单机产能约45万吨的生产线，投产后华泰新闻纸年生产能力达到120万吨以上，约占全国市场总量的1/3，成为全球最大的新闻纸生产基地。

生产规模扩充后，自2007年华泰销售收入和利税大幅提高。2009年5月，山东东营华泰集团入选全国制浆造纸企业30强。中国造纸协会表彰了“全国制浆造纸企业30强”及“全国制浆造纸行业优秀企业家”，其中华泰集团和华泰集团董事长李建华分别入围，同时排名第二位。

林－浆－纸一体化项目的实施是华泰逐步形成以木浆为造纸原料的重大发展战略，同时为华泰可持续发展和走向国际市场，跻身国际造纸前列奠定了一个良好的发展基础。项目应用国际现代化造纸工业技术和手段，采用世界最先进的制浆造纸工艺技术及生产装备，通过调整原料结构，促进产业升级、提高国际竞争力，使纸业发展与农业、林业的发展有机地结合起来，形成以纸养林、以林促纸、林－浆－纸结合的产业化新格局，实现经济效益、社会效益、生态效益的统一。

2. 华泰东营供应链协同发展的运行模式

国内外林业供应链发展模式并不存在一个统一不变的分类标准，张智光教授认为对于林纸一体化的模式可以分别从垂直一体化、森林资源类型、合作形式、产业链构成、投资主体、一体化紧密程度等不同角度来考察(张智光，2009)，可以有多种不同的一体化模式分类标准，下面根据这些分类标准对设计的方案进行介绍。

1）造纸和原料林基地的合作方式

因为华泰东营林－浆－纸一体化项目包括40 000hm^2 速生丰产原料林基地工程，每年轮伐原木64.4 万m^3，供本项目化机浆工程使用。所以这部分林木以自营林为主并适度扩张，这种自办林业基地的优势在于林地集中，便于定向培育、合理作业、合理采伐、集约经营以及提高林业科技含量。一旦林木成材，就可以基本保证原料供应的稳定性和连续性，就能获得较高的经济效益。

同时，为了争取更多的可控基地，考虑“合作营林”的方式，以股份制为主，由于华泰资金条件较好，华泰应尽量采取控股的方式，其他合作方式为辅。

但是由于原料林需要几年的生长时间，在这几年中还需要购买其他的林木做制浆原料，或者购买化机浆作为生产纸的原料，过渡期间可以同时采用“委托为主”的合作方式。

2）垂直一体化

按垂直一体化选择，华泰东营林－浆－纸供应链属于后向一体化和前向一体化的结合。一方面该一体化模式是以造纸业为主体，向森林培育业的“后向”发展，形成一体化产业链，造林、护林、养林都是为了保证造纸工业原材料的供应。另一方面该一体化模式又向前延伸，向印刷业等“前向”发展从而提高供应链的赢利能力。由于华泰还控制热电、化工等行业并且物流自营，并且还涉足房产、酒店等行业，所以更准确地说这是一种复合多循环一体化的模式。

3）原料基地建设

制浆造纸需要木材原料，从使用森林资源的角度可以分为天然林、人工林、混合林3种。华泰东营林－浆－纸一体化项目所在地为山东东营，该市地处黄河入海口，气候温和适宜如杨树、柳树等植物生长，这里选择以人工林为主要原料。

主要树种选择：三倍体毛白杨、欧美杨、172柳。造林格局上，一方面加强速生林基地的建设，形成一大批示范林区，同时加强沿路、河、渠，环城、村、工业园区，林网与片林相结合的造林格局。

4）产业链构成

根据前文分析，华泰集团应形成“造林、加工、制浆、造纸、精细化工、发电、印刷”为主的产业链，物流自营并服务于整个系统，根据情况可发展为第三方物流，其他产业如木材加工等行业以合作或委托为主。此外，考察多元化发展，不妨发展“房产”、“酒店”等行业，发展时能产生现金流，但投资应谨慎。

从物质流循环的角度看，除了物流业以外，华泰应在以下方面重点发展。

(1) 在化工领域积极发展。发展离子膜烧碱项目，这样氯碱产品可用于造纸，随着华泰股份生产规模的不断扩大，氯碱产品的需求量将进一步增大。多余的氯气可为其他如钛白粉项目、耗氯的精细化工项目利用，转化成高附加值、储存运输安全的氯产品，进入国际市场，氢气可被用于生产高纯盐酸和苯胺。

(2) 在资源循环利用和环保上发展。华泰应加强造纸废水资源化高效技术的研究与应用，造纸中水直接在生产中循环回用，处理达标后的外排水用于灌溉造纸速生林。沉淀压虑后产生的造纸污泥用于加工生产塑维板等，加工提取物可作为化工原料，加工后的剩余物可作为肥料使用。华泰对厌氧水的处理以及对沼气进行改造，全部用于火电厂发电，同时为电厂配套增上脱硫除尘装置，电厂产生的煤灰煤渣用于制造空心砖。

5）投资主体方式

华泰东营林－浆－纸一体化项目于2004年获得国家批复，项目总投资510 354万元（含外汇39 346万美元），资金来源：项目资本金153 107万元，占总投资30%，企业以设备折旧和利润留存等筹集34 000万元，通过股票市场筹集100 000万元左右；总投资与资本金的差额申请中国建设银行、中国工商银行和中国农业银行贷款解决。项目建设所需外汇由企业用人民币向有关银行购汇解决。

由于上述努力下资金仍然可能不足，后续发展中仍有更大规模的投入，所以华泰东营林－浆－纸一体化项目是多投资主体的投资方式，这是一种多渠道筹集实现林－浆－纸供应链所需资金的模式，同时也是一种有利于建立现代企业制度的模式。这一模式的操作和管理难度较大，需要投资者和管理者具有经营管理现代企业的意识和能力。

6）一体化的紧密程度

华泰集团是通过重组、并购、股份制改造形式而组建的大型林－浆－纸集团公司，林－浆－纸绿色供应链运行中还要与其他公司进行合作，各涉及领域的紧密程度是不同的，对于涉及物质流循环的核心层和紧密层实施控股，是重点控制的内容，包括了林－浆－纸绿色供应链最主要的业务，要形成核心的闭环供应链物流。此外，公司涉足其他行业，如房产、酒店、物流、印刷等，同样应严密控制，因此将其纳入紧密层。

并且由于公司博士后科研工作站与国家级技术中心联合立项研发，将循环沉淀压滤后产生的造纸污泥成功用于加工生产堪与密度板媲美的塑维板，实现了变废为宝。因此将图7.3所示的核心层和紧密层加以调整，形成如图7.4所示的结构，图中只列出重点控制部分（特别是灰色部分），即核心层和紧密层的内容，其他部分不再列出。

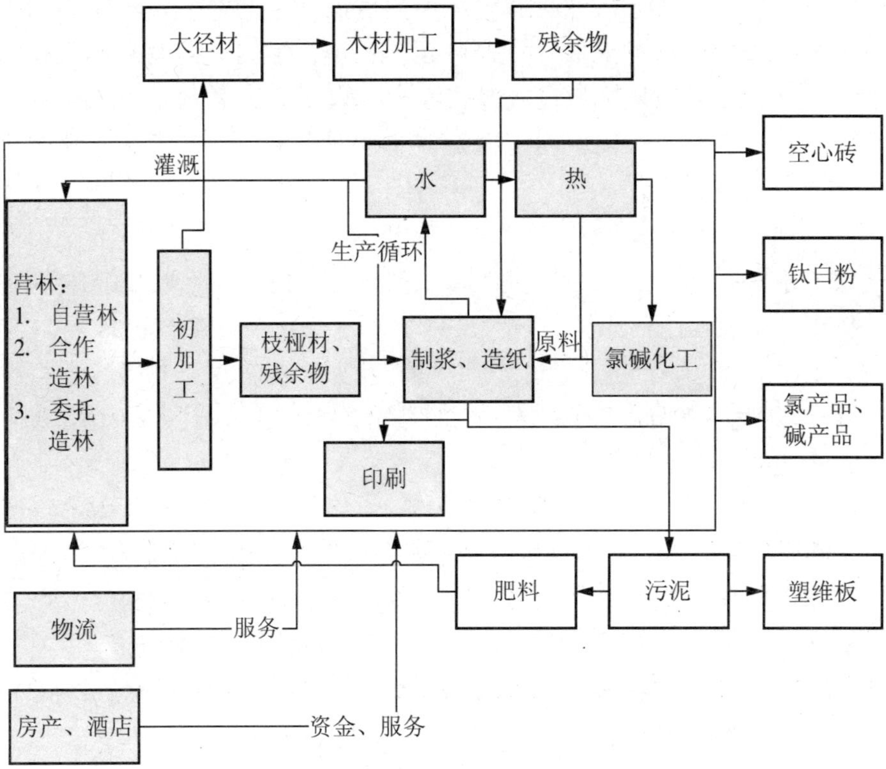

图 7.4　华泰东营林业供应链的重点控制内容

7.3.2　华泰安庆供应链运行模式的详细设计

总体来说，安庆是一个新项目，在进行一体化运作时，应实事求是，不能急于求成，步子应小一些，相对而言安庆模式比较接近“少节点快流速结构模式”，产业链不作太长延伸，并且注重于形成造纸为主的内部物质流快速小循环。

1. 华泰安庆供应链现状

2007 年 11 月，我国首个完整的林 - 浆 - 纸一体化项目——山东华泰安庆林 - 浆 - 纸一体化项目正式奠基。这是我国内资造纸企业在与全球 500 强竞争中胜出的第一个林 - 浆 - 纸一体化项目，也是目前国内最大的林-浆-纸一体化项目。华泰安庆林-浆-纸一体化项目总投资达137亿元，是华泰发展30年来最大的一次投资，也是迄今为止国内造纸业上市公司投资最大的林浆项目。

华泰安庆“林-浆-纸一体化”项目是安徽省“十一五”重点工程，被列入《全国林-浆-纸绿色供应链工程建设2010年专项规划》和省、市“十一五”发展规划，属安徽省“861”行动计划工程，也是安徽省政府直接调度的20个重大工程之一。该项目一期工程总投资37.4亿元，新建一条年产30万吨漂白商品木浆生产线，配套建设160 000hm^2原料林基地及相关配套设施。项目整体规划为70万吨浆、100万吨纸、333 333hm^2速生针叶林。

2. 华泰安庆供应链协同发展的运行模式

1）造纸和原料林基地的合作方式

华泰安庆林-浆-纸一体化项目包括333 333hm^2速生针叶林原料林基地工程，供项目化机浆工程使用。这些速生针叶林可灵活采用第6章介绍的自营林、订单林、股份合作林、订金林等多种方式。具体来说，合作方式设计如下。

自营林建设面积达到26 667hm^2。此种模式的合作方式主要是“整体收购”的合作方式。2008年可试验性收购6 667 hm^2，其中建设样板林1 333 hm^2。主要是与村委、林场或农场等土地拥有单位签订土地承包合同，长期承包林地(70年)，取得土地使用权；独立经营，自主完成采伐、更新造林、抚育管理等各项任务；买断现有活立木，对计划长期保留的林木，经测量确定蓄积量后一次性买断；对当年采伐更新的林木，采取预付款的方式，砍伐后过磅计量，多退少补。将林权证办至公司名下，对现有活立木及更新后的林木，完全享有林木所有权、处置权和受益权。

订单林的面积为66 667hm^2。这种方式需要公司的激励措施和政府的政策共同配合。公司与接收苗木的农户签订收购协议和合同，农户承诺交售木材，公司给予农户保护价，承诺全部收购，政府监督双方的权利和义务，公司与农户建立起松散型的木材买卖关系；公司根据需要上报每年的木材采购收购量，由政府将总的采伐指标分解下达给各县区，由各县区组织农户采伐木材；公司每年支付给政府一定数额的工作经费，政府将全市每年采伐限额的50%定向分配给公司；公司根据各县区实际完成的交售量，折合出林地面积，按需要无偿提供给农户苗木，并给予技术指导。

股份合作林的面积为120 000hm^2。公司以造林、抚育管理费用等入股，独立经营，农户以土地入股，公司与农户进行股份制合作。公司主要工作包括培育购进苗木、采伐更新、抚育管理、防火防盗等，这些工作尽可能委托当地农户完成，使其获得一定的劳务费用。林木款扣除采伐费、运输费、育林基金等费用，作为双方收入的分成，农户和公司按照“二、八”分成，为调动农户的积极性，可适当提高农户的分成比例。将林权证办置公司名下，对采伐的木材按照市场价收购。

计划建立订金林的面积为120 000hm^2，可用以下两种方式：①公司签订土地承包合同，以土地承包费及苗木款作预付订金，在林木成熟后，农户或村委交售木材时将订金扣回；②每年初预付活立木订金，通过政府下达交售木材任务，当年在收购木材时将预付款扣回。

2）垂直一体化组织模式

从垂直一体化的角度看，华泰安庆林－浆－纸供应链属于后向一体化，即以造纸为主。该一体化模式是以造纸业为主体，向森林培育业的“后向”发展，形成一体化产业链。这种模式中的造林、护林、养林都是以保证造纸工业原材料供应为目的的。

3）原料基地建设模式

制浆造纸需要木材原料，从使用森林资源的角度可以分为以天然林、人工林、混合林为原料。安庆市地处长江中下游，丰富的林业资源和水资源、优越的区位条件和广阔的市场腹地为林－浆－纸项目提供了有利的发展条件。所以华泰安庆林－浆－纸一体化项目使用混合林的一体化模式，既可以保证造纸原料供应的稳定性，又可以有效实现生物多样性。这里以人工林为主要原料，天然林为后备原料。人工林计划建设333 333hm^{2}速生针叶林原料基地工程。

4）产业链构成

从产业链的角度，华泰安庆林－浆－纸供应链形成“造林、加工、制浆、造纸”的产业链，从物质循环角度看，形成造纸为主的快速小循环，暂不作其他延伸，项目建成后形成以纸养林、以林造纸、林－浆－纸结合的产业化新格局，实现经济、生态、效益的统一。

5）投资主体方式

华泰安庆林－浆－纸一体化项目是由多种投资主体投资建成的。山东华泰纸业股份有限公司于2007年8月8日与安徽省安庆市人民政府签署框架协议，公司参与建设由国家发改委于2006年4月30日以发改工业［2006］769号文核准的安庆市年产30万吨漂白商品木浆林－浆－纸一体化项目，本项目将由安徽省皖西南林－浆－纸有限公司承建。山东华泰纸业股份有限公司持有安徽省皖西南林－浆－纸有限公司70%的股权，安徽省安庆发展投资(集团)有限公司持有18%的股权，安徽省投资集团有限公司持有12%的股权。

后续发展中，投资主体可能发生变化，根据资金的需要，华泰可以用已有的70%股权再融资，引入更多的投资方，此外，可以争取国际投资。

6）一体化的紧密程度

华泰安庆纸业公司采用的模式接近“少节点快流速结构”，重点控制“造林、加工、制浆、造纸”环节，并以此形成核心层和紧密层，因此将核心层和紧密层的部分由图7.1调整为图7.5所示的内容，图中只列出重点控制的内容，即核心层和紧密层，华泰通过全资、控股、参股等金融手段对其严密控制和管理，半紧密层和松散层则以契约的形式形成长期协作关系。

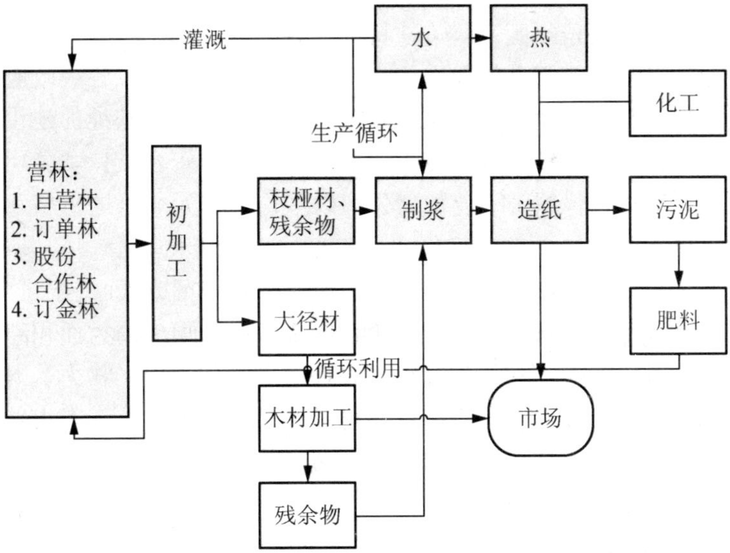

图7.5 华泰安庆林业供应链的重点控制内容

7.4 华泰林业供应链协同发展模式的实施

7.4.1 华泰供应链协同发展中采取的措施

根据前文的设计，华泰集团在供应链的协同发展过程中做了大量工作，综合运用了前文所述的合作方式并加以改进，根据当地实际情况也作了一些调整并采取了许多有效的措施，特别是营林方面和经营管理方面，通过努力取得了可喜的成果。

1. *在林业方面主要采取的有效措施*

1）以林养林

树木砍伐后，将木材按照不同规格进行分类，做到物尽其用，避免造成木材的浪费，以期实现最大经济效益。小头直径低于4cm的枝桠材出售给周边密度板厂，小头直径在4～10cm的木材加工成木片，10cm以上的木材可出售给木板厂。外售木材获得的收入再投入到木片收购上，以实现有效循环利用，促进发展。

2）以项目养林

项目方面主要依靠国家政策扶持。因为林业本身就是高投入、低产值的行业。近几年，为了有效促进林业发展，从国家到地方各级政府都投入比较大的资金扶持林业。公司依靠政策扶持加大原料林基地的建设。政策扶持有多方面：①国家对规模较大的造林公司给予资金支持。公司可直接利用这些资金建造原料林。比如，公司以平均900元/hm^2的价格承包孤岛林场的土地，政府给予225元/hm^2的补贴，大大降低了公司的成本投入。②通过技术创新，争取国家优惠政策。比如，对于可造纸原料“竹柳”的研究。近几年，在东营市造林主用树种为107杨，形成的大面积纯林对于病虫害的防治是非常不利的。每年都要投入大量的人力、物力、财力进行防治。而且通过试验对照，竹柳亩产材量要高于杨树，其成本也低。此项目已成为东营市技术重点扶持项目。公司也将引进试验，如果成功，将为公司带来良好的经济效益。

3）以地养林

从2008年开始，大王镇政府大力发展“三网”绿化工程，主要采取了“政府＋公司＋基地＋农户”的模式。政府以9 600元/hm^2的价格承包农户的土地，再以3 000元/hm^2的补贴转租给公司。公司承包价格为6 600元/hm^2。为发展林业产业，提高林地附加经济价值，公司大力发展林下经济，以平均价格2 550元/hm^2将林间地承包给农户种植作物。同时公司提供技术指导。如此农户在赚取9 600元/hm^2的租金基础上又获得了种植作物的收益。而公司也获得了2 550元/hm^2的土地承包费，大大降低了公司管理成本。同时，农户给作物浇水、施肥及打药的过程中，也对树木起到了良好的促进及防治效果，为公司节省了管理成本。新植树前2～3年林间地全部实行套种，对于两年后郁闭度大的林分，采取隔行种植，这样可利于打药治虫等。通过采取合理的管理手段，以此达到了双方共赢的目的。

4）以政策养林

充分利用国家及地方各级政府对林业的大力扶持政策，争取扶持资金来扩大林业发展。比如治沙贴息项目，根据林地面积及投资成本从银行贷款可获得贴息资金，这就有力的解决了林业发展的资金问题。

5）以技术养林

“科技是第一生产力”，公司从2008年开始，全力改进机械，采取机械化管理，科学育林。公司在管理中不断探寻新的管理措施。2008年，公司打破传统的作业方式，主要采用机械管理，不断改装打药机械，由原先的一台机械多人打药的传统办法，逐步改进为仅用一名机械手操作对大树实施高压喷雾，做到省时、省工、省油、省药，即降低劳动强度，又极大提高了工作效率，并取得了良好效果。同时，针对不同苗木不同时期对肥料的不同需求，及时进行合理的施肥、浇水。并及时清除杂草，按时节修剪，做好病虫害防治工作。特别是在病虫害防治上，近几年速生杨暴发的病虫害较多，有杨尺蠖、天社蛾、美国白蛾等食叶害虫，有天牛、透翅蛾等主干害虫。有溃疡病、褐斑病、锈病等危害树木生长，对杨树造成严重的危害。为了保证杨树的长势，采取人工、生物及农药结合防治的办法，做到“以预防为主，早发现，早治理”。因为措施得力，病虫害防治效果良好。

2009年，公司在广饶县林业局的大力支持下，引进频振式杀虫灯，通过诱控的方式实施对美国白蛾等成虫进行杀灭，取得了良好的效果，大大降低管理费用，减少公司成本投入。此项技术已申报东营市科技成果项目。

公司还通过不断的探索，初步摸索出一种能降低病虫害发生率、适宜大面积造林的混交模式。此模式正待进一步的试验中。

2. 主要采取的经营管理方式

华泰集团根据实际情况采取了以下两种主要的经营管理方式，取得了很好的实际效果。

1)“公司+基地+农户”经营方式

首先，对公司示范林基地，制定了日常管理工作标准定额，对承包给农户管理的自有林，按照每年 1 500 元/ hm^2 左右的标准，支付农户劳务费。其次，对种林户自有林地，特别是种林大户，签订合同给予无息资金扶持。林业投资具有时间长、周转慢的特点，针对农户垫资负担重，对林木增加投入有难度的实际情况，公司与农户签订合同，从农户造林后的第二年开始，连续 4 年按每年 750 元/hm^2 的标准支付订金。到采伐期后，农户将收获加工的原木或木片按照市场价格定向交售，并退还订金本金。采取这种方式，在一定程度上缓解了农户资金短缺的问题，保护了林业资源。再次，公司首先为种林大户支付订金，规定树木成材后全部以市场价格出售给公司，订金从货款中扣回。这 3 种方式都有力地保障了种林户的利益，大大提高了农民的种林积极性。

2)“林间套种，以地养林”经营方式

为充分利用林地，提高土地单位亩产值，增加林地经济效益，推动地方经济发展，带动农户增收致富，公司按照“以地养林”的发展思路，根据树木生长年限，主要是郁闭度，结合植物生长特性，计划开展“林药、林菌、林禽”等多种经营模式，将林间地以较低价格返租给林农，发展林间经济。对新植林区前两年进行林间套种农作物及蔬菜、药材等，主要有大豆、棉花、胡萝卜、牛蒡、辣根等，林间作物有效促进林木的生长。对郁闭度较大的林地种植中草药等，取得了良好的经济效益，实现了公司与林农双赢。

3. 林业方面下一步的发展思路

今后，公司应抓住东营市实施“三网”绿化工程的有利时机，继续扩大原料林规模，并本着“以林资源开发为主，实行林工农相结合的综合性多元化经营，走资源基地化、经营多元化、效益最优化的发展路子，发挥林业的生态效益、经济效益和社会效益”的经营与管理宗旨，实现“以地养林、以项目养林、以林养林、以政策养林”的循环发展，采取“林农、林菌、林药”等多种套种模式，提高林地综合利用率，创造更好、更高的经济效益和社会效益。

对于安庆，可充分借鉴东营的发展思路，但应注意天然林的保护。

7.4.2 华泰供应链协同发展模式实施的成效

1. 原料林建设

自设计的模式实施以来，华泰集团通过采取多种造林方式大力发展速生原料林，在东营和安庆建立了自营林基地约 66 667 hm^2，合作营林约 100 000 hm^2，原料林基地仍在进一步扩大中。此外，在东营市三县内大面积发展速生原料林，主要品种为欧美杨、107 杨，并对中林 2001 杨、L35 杨、110 杨等优良速生无性系进行试种。公司还配套建设苗圃 40hm^2，通过嫁接、扦插等繁育出大批中华红叶杨、扶芳藤等苗木，并种植银杏、法桐、国槐等 30 个多绿化树种，以便用于公司造林及绿化。

华泰集团依托林－浆－纸一体化重点项目，结合全市的“三网绿化”工程建设，掀起了新一轮植树造林热潮。截至目前，集团通过自营林、合同林等多种形式完成植树造林 600hm^2，共计 60 多万棵。2008 年 3 月份以来，集团公司连续召开专门会议进行宣传发动、安排部署。公司广大干部员工积极响应号召，利用班前、班后及周末，自带工具在工业园和周边地区开展植树活动。与此同时，林业公司进一步加强林业规范化经营管理，按照“企业＋林地＋农户”的模式，与周边农户签订了合同林、订单林等林木收购协议。通过实施林－浆－纸一体化项目，公司把造纸、农业和林业有机结合起来，为林农增收创造了条件。

公司借东营市大力推动三网绿化有利时机，采用“政府＋基地＋农户”的联动方式，推动林业快速发展。为提高土地利用率，增加单位亩产值，公司提出“以地养林、以项目养林、以林养林，以政策养林”的经营方式，采取“林农、林药”等多种套种模式，大力发展林下经济，提高林业的经济附加值。这些措施既提高了森林绿化率，又为企业做好了原料储备，同时又为农户提供了就业机会，增加了农民收入，多方结成了紧密的利益共同体。

2. 供应链的发展

在产业发展上，华泰通过拉长“造纸为主、多业并举、首尾并接、优势互补”的绿色生态供应链，以造纸为主体，向上游发展壮大林业、化工、热电，向下游实行报业出版、印刷包装、物流、商贸服务等产业延伸，形成既有原料基地、能源供应，又有终端产品输出的完整链条，构建了上下游衔接配套的造纸产业集群，为企业搭建了可持续发展平台。

由于华泰的目标为供应链的协同发展，而该供应链是一个闭合循环、共生耦合、产业扩张的有机整体，其价值链：纵向是林、浆、纸一体化，横向是化工为造纸提供必需的化学品；热电联产、水利工程和林业基地为浆、纸等生产提供充分的能源和资源保障；物流为各产业解除运输瓶颈；商贸则为各产业建立畅通的业务渠道；报业出版、印刷包装又是造纸的直接用户。使现有和潜在的资源相互配合与协调，从而产生很好的协同效应，增强企业持续发展和抵御市场风险的能力，提升企业整体竞争力。

同时，华泰进行了原料结构、产品结构和产业结构的同步调整：①在产业结构上坚持绿色生态纸业战略，积极发展造纸、化工、印刷、林业、物流等首尾并接的产业链，实现资源共享和最大程度的利用；②在原料结构上坚持走林－浆－纸绿色供应链的路子，由原来草浆为主的文化纸为主的结构，转为以废纸浆、木浆、商品浆为主的新闻纸结构，逐步淘汰草浆，实现源头削减。造纸原料结构由过去的废纸、木浆、草浆“四三三”比例，调整为“七二一”结构，草浆比例目前已不足5%，虽然原料成本增加了，但减少了四分之一的用水量，年创效益1 200余万元；③在产品结构上，文化纸由草浆为主的胶版纸、书写纸转为木浆为主的轻质纸、无碳原纸、全木浆胶版纸等高档产品，新闻纸产品在公司产品比重中增长至75%，废纸原料由原来的90%增长到100%，在降低了成本的同时，大幅度减少了污染物的产生和排放。

3. 规模的再扩张

2009年，华泰纸业股份有限公司与新加坡诺斯克泛亚私人有限公司签订股权转让协议，收购该公司持有的诺斯克(河北)纸业有限公司100%股权。其中支付6.77亿元用于偿还河北诺斯克的部分融资债务，其余2.48亿元的融资债务留存在公司中。此次收购，华泰看中了诺斯克的资产质量和其战略性地位，收购后将在当地直接投入生产，与公司在河北及附近的北京、天津、山西、内蒙古等地的客户群进行对接。通过收购实现就近生产，仅运费一项每吨纸即可节省50元。

在收购诺斯克(河北)纸业有限公司之前，华泰股份已与中冶集团签订协议，以3.58亿元收购中冶集团旗下的一条高档新闻纸生产线。该生产线由黑龙江省齐齐哈尔造纸厂于21世纪初建设(后并入黑龙股份)，引进了世界一流的生产技术与装备，产品为低定量高白度新闻纸，经改造后年产能可达40万t。该纸机将安装在广东银洲湖纸业基地，用于替换华泰与广东新会双水发电厂合资的40万t高档新闻纸生产线，2010年下半年建成投产。这一收购至少可为广东华泰项目节省10亿元建设投资成本。

为建设安徽华泰林-浆-纸一体化项目，华泰集团已经从匈牙利以485万欧元的超低价购买了一台年产能20万t的高档文化纸生产线，经改造后用于生产高档静电复印纸等文化用纸。与采购新纸机相比，可节省投资成本近9亿元。这一举措，标志着安徽项目战略的调整，由原来的“林浆一体化”调整为“林-浆-纸一体化”。

4. 降低污染

华泰将节能降耗减排视为企业义不容辞的社会责任，在环保节能等方面舍得投资，总投资8亿元以上先后购进国内国际先进的中段水处理系统、同向流净水器、回收池、回收塔等多种节能环保处理工艺装备，实现环保水平大幅度提升，生产过程的资源得到最大限度的循环利用。

公司从瑞典普拉克公司引了3套废水处理系统，综合废水经厌氧、好氧和深度脱色处理后，CODcr去除率达96%，BOD5去除率达99%，悬浮物去除率达98%，各项指标均达国内国际先进水平。

近年来，公司充分发挥博士后科研工作站、国家级技术中心和国家级实验室的科研优势，不断加大科研投入，培育企业自有的环保技术创新能力，积极开发清洁生产新技术、废物综合利用技术和污水治理新工艺。自主开发的“白水回收节水技术”被评定为“国家资源节约与环境保护重大示范工程”；“废纸制浆造纸关键技术的研究开发与生产应用”等项目被确定为国家级技术创新项目；先后有“高白度速生杨碱性过氧化氢机械浆制备新工艺”、“造纸废水资源化高效技术研究与示范”等十几个项目通过了省级科技鉴定，为企业实现节能降耗减排目标提供了技术支持。

5. 节能减排

项目实施以来，公司不断加强以节能、降耗、减排为目的的设备技术革新、工艺流程改造，迅速将科研成果转化为生产力，促进了企业各种资源实现最大限度的循环利用。“造纸废水资源化高效技术研究与示范工程”项目应用后，公司90%以上的造纸中水直接在生产中循环回用，减少中段废水及污染物排放量1 000万吨，取得了良好的经济效益和社会、环境效益；达标后的外排水用于灌溉造纸速生林，年节约清水1 000多万 m^3。

华泰自主和联合开发的“废纸生产低定量高级彩印新闻纸”等多项技术荣获国家科技进步奖二等奖。低定量新闻纸填补了国内空白，不仅提高了吨纸出报率，还可以节约大量的森林资源。据估算，如果在全国推广使用低定量闻纸，每年至少可以少用新闻纸50多万吨，可节约10万吨以上的标准煤。

总投资6 800万元为电厂配套脱硫除尘装置，同时通过科研攻关，将白泥成功用于烟气脱硫，在烟气达标排放的同时，使废弃资源得到了有效循环利用，为企业节省了大量的成本。

电厂产生的煤灰煤渣用于制造空心砖，年消耗利用废渣21万吨，创造社会效益1 100万元。华泰对厌氧水处理每天产生的近5万 m^3 沼气进行了改造，全部用于火电厂发电，年可节约2万吨标准煤；同时公司正积极投资6 350万元上马废渣焚烧炉，对造纸污泥、废渣进行彻底处理，年可利用废渣28万吨，在达到废渣的“减量化”、“资源化”、“无害化”的同时，年节约3.8万吨标准煤；此外公司还投资1.5亿元实施引水工程，将黄河水引厂区裙带河水库，并积极利用黄河水替代地水资源，最终将实现生产用水全部使用黄河水的目标。

集团统一制定了“十一五”期间综合能耗下降30%，年均下降6%的目标，并从上到下逐级签订了节能降耗目标责任书，取得显著成效，2009年能耗下降10.2%，完成年度计划责任降耗指标的170%。目前集团吨纸综合耗能244 kg标准煤，超额完成了省政府下达年度节能任务。

7.4.3 华泰供应链协同发展中的问题与展望

1. 华泰供应链协同发展中的问题

时至2010年，华泰集团供应链的协同发展已取得了很多进展和突破，但同时也出现了以下一些新问题。

1）农民劳动力问题

由于华泰近年来的高速发展，本地居民生活水平大大提高，所以许多劳动力不好找。比如，污泥加工的剩余物可以做肥料，但由于劳动力原因使得在这一循环链中的成本很高，长期以来会影响林业供应链协同发展的效果。

2）营林技术问题

主要涉及树种选择、如何混交、病虫害防治等问题。有些树种在实验期间表现很好，或在有些地方表现较好，但在山东不好，所以树种选择很重要，而且要根据自己的地方来选择树种。有的单树种有病虫害问题，有些地区病虫害很严重。此外，如果经营混交林，如何混交和管理？与林农合作涉及林间套种，如何套种是最科学的？

3）林农合作问题

林权改革使林权分散，而林业供应链的发展需要集约化经营，这就离不开林农的合作，目前已有多种合作的方式，但更有效的合作方式有待于进一步探讨。

4）战线太长问题

华泰经过规模扩张，在东营和安庆两地建设原料林基地，其他地方仍在努力中，并且已收购了多家企业，这对于管理来说无疑加大了难度。

5）其他问题

其他还有许多共性问题，比如：林业利润低，赋税较重，如果能减免税，可以提高积极性；原料林项目大、投资大、回收期长；人工林的生物多样性问题等。

2. 华泰供应链协同发展的展望

建议华泰加大选种、育种研究投入，聚合各种资源和力量，系统开展纸浆材品种的专业化和产业化配套技术研究，加强与科研机构的合作。充分利用国家的政策仍可扩大规模和改善供应链结构，比如发展木工机械制造业，提高木材加工和制浆造纸设备的生产水平。进一步加强节能减排和绿色环保方面的投入和研究，并应从整体供应链的角度实施，从而实现整体供应链的协同效应。

相信通过在实践中的探索和与专家的交流，能够更好地解决劳动力问题，设计出更高效的林农合作方式，并形成更高效的供应链管理机制，从而真正实现“林业供应链的协同发展”。一方面华泰可以做得更强更大，另一方面对自然和社会有更多的回报。

参考文献

[1] Abraham M, José A V. *Incorporating quantity discounts to the EOQ model with transportation costs*[J]. *International Journal of Production Economics*, 2008, 113(2): 754-765.

[2] Aburto L, Weber R. *Improved supply chain management based on hybrid demand forecasts*[J]. *Applied Soft Computing*, 2007, 7(1): 136-144.

[3] Akintoye A, McIntosh G, Fitzgerald E. *A survey of supply chain collaboration and management in the UK construction industry*[J]. *European Journal of Purchasing & Supply Management*, 2000, (6): 159-168.

[4] Akkermans H, Bogerd P, Doremalen J. *Travail, transparency and trust: a case study of computer-supported collaborative supply chain planning in high-tech electronics*[J]. *European Journal of Operational research*, 2004, 153: 445-456.

[5] Alan S W, Tayur S. *Risk sharing in supply chains using order bands-Analytical results and managerial insights*[J]. *International Journal of Production Economics*, 2009, 121(2): 715-727.

[6] Anderson D, L ee H. *Synchronized supply chains: the new frontier*[J]. *ASCET*, 1999, 6(1).

[7] Angerhofer B J, Angelides M C. *A model and a performance measurement system for collaborative supply chains*[J]. *Decision Support Systems*, 2006, 42(1): 283-301.

[8] Anna Nagurney, Jose Cruz, June Dong, et al. *Supply chain networks, elet alronic commerce, and supply side and demand side risk*[J]. *European Journal of Operational Research*, 2005, 164(1): 120-142.

[9] Arcelus F J, Kumar S, Srinivasan G. *Pricing and rebate policies in the two-echelon supply chain with asymmetric information under price-dependent, stochastic demand*[J]. *International Journal of Production Economics*, 2008, 113(2): 598-618.

[10] Athanasios A R, Athanasios J, Ilias P. *Tatsiopoulos Logistics issues of biomass: The storage problem and the multi-biomass supply chain*[J]. *Renewable and Sustainable Energy Reviews*, 2009, 13(4): 887 - 894.

[11] Beamon B M. *Measuring Supply Chain Performance* [J]. *International Journal of Operations & Production Management*, 1999, 19(34): 275 - 292.

[12] Bekhor S, Prato C G. *Methodological transferability in route choice modeling*[J]. *Transportation Research Part B: Methodological*, 2009, 43(4): 422 - 437.

[13] Berg S. *Harvesting technology and market forces affetaling the production of forest fuels from Swedish forestry* [J]. *Biomass and Bioenergy*, 2003, 24(4 - 5): 381 - 388.

[14] Bergström M, Stehn L. *Matching industrialised timber frame housing needs and enterprise resource planning: A change process* [J]. *International Journal of Production Economics*, 2005, 97(2): 172 - 184.

[15] Bhagwat R, Sharma M K. *Performance measurement of supply chain management: A balanced scorecard approach*[J]. *Computers & Industrial Engineering*, 2007, 53(1): 43 - 62.

[16] Bogataj D, Bogataj M. *Measuring the supply chain risk and vulnerability in frequency space*[J]. *International Journal of Production Economics*, 2007, 108(1 - 2): 291 - 301.

[17] Bomze I. *Non-cooperative two-person games in biology: a classificat ion* [J]. *International Journal of Game Theory*, 1986, 15: 31 - 57.

[18] Borgonovo E, Peccati G L. *Sensitivity analysis in inventory management* [J]. *International Journal of Production Economics*, 2007, 108(1 - 2): 302 - 313.

[19] Botta G V, Millet P A, Grabot B. *A survey on the recent research literature on ERP systems*[J]. *Computers in Industry*, 2005, 56(6): 510 - 522.

[20] Boukis I, Vassilakos N, Kontopoulos G, et al. *Policy plan for the use of biomass and biofuels in Greece: Part II: Logistics and economic investigation*[J]. *Renewable and Sustainable Energy Reviews*, 2009, 13(4): 703 - 720.

[21] Bowersox D J, Closs D J. *Logistical Manangement: The Integrated Supply Chain Process*[M]. *McGraw-Hill Companies*, inc. 1998.

[22] Brian Q R, José A. *Ventura Optimal inventory policies with two modes of freight transportation* [J]. *European Journal of Operational Research*, 2008, 186(2): 576 - 585.

[23] Brintrup A. *Behaviour adaptation in the multi-agent, multi-objet alive and multi-role supply chain* [J]. *Computers in Industry*, 2010, 61(7): 636 - 645.

[24] Bullinger H, Kuhner M H. *Analyzing supply chain performance using a balanced measurement method*[J]. *Production Research*, 2002, 40(15): 3533 - 3543.

[25] Carlsson D, Rönnqvist M. *Supply chain management in forestry-case studies at Södra Cell AB*[J]. *European Journal of Operational Research*, 2005, 163(3): 589 - 616.

[26] Carolle A A, Brice S, Anselme A, et al. *Sustainable use of non-timber forest products: Impact of fruit harvesting on Pentadesma butyracea regeneration and financial analysis of its products trade in Benin*[J]. *Forest Ecology and Management*, 2009, 257(9): 1930 - 1938.

[27] Chamodrakas I, Batis D, Martakos D. *Supplier seletalion in elet alronic marketplaces using satisficing and fuzzy AHP*[J]. *Expert Systems with Applications*, 2010, 37(1): 490 - 498.

[28] Chan C K, Lee H W, Wong K H. *Optimal feedback production for a two-level supply chain* [J]. *International Journal of Production Economics*, 2008, 113(2): 619 - 625.

[29] Chandra P, Fisher M L. *Corrdination of production and distribution planning*[J]. *Journal of Operational Research*, 1994, 72: 503 - 517.

[30] Chauhan S S, Frayret J M, LeBel. *Multi-commodity supply network planning in the forest supply chain*[J]. *European Journal of Operational Research*, 2009, 196(2): 688 - 696.

[31] Chen F, Drezner Z, Ryan J K, et al. *Quantifying the bullwhip effect in a simple supply chain: the impact of forecasting, lead times, and information* [J]. *Management Science*, 2000, 46(3): 436 - 443.

[32] Chen J M, Chen L T. *Periodic pricing and replenishment policy for continuously decaying inventory with multivariate demand*[J]. *Applied Mathematical Modelling*, 2007, 31(9): 1819 – 1828.

[33] Chen K H, Su C T. *Activity assigning of fourth party logistics by particle swarm optimization-based preemptive fuzzy integer goal programming*[J]. *Expert Systems with Applications*, 2010, 37(5): 3630 – 3637.

[34] Chen K K, Chang C T. *A seasonal demand inventory model with variable lead time and resource constraints*[J]. *Applied Mathematical Modelling*, 2007, 31(11): 2433 – 2445.

[35] Chew E P, Lee C, Liu R. *Joint inventory allocation and pricing decisions for perishable products*[J]. *International Journal of Production Economics*, 2009, 120(1): 139 – 150.

[36] Closs D J, Nyaga G N, Voss M D. *The differential impact of product complexity, inventory level, and configuration capacity on unit and order fill rate performance*[J]. *Journal of Operations Management*, 2010, 28(1): 47 – 57.

[37] Coltman T, Bru K, Ajchariyawong N P, et al. *Supply chain contract evolution*[J]. *European Management Journal*, 2009, 27(6): 388 – 401.

[38] Comelli M, Féniès P, Tchernev N. *A combined financial and physical flows evaluation for logistic process and tactical production planning: Application in a company supply chain*[J]. *International Journal of Production Economics*, 2008, 112(1): 77 – 95.

[39] Connor F O, Raulison. *Supply of, and demand for, a resource: Fuzzy logistical optimisation technique Original Research Article*[J]. *Applied Energy*, 1993, 46(4): 285 – 302.

[40] Constance V H, Jean M F, Diane P. *Knowledge management in the forest products industry: the role of centres of expertise*[J]. *Computers and Elet alronics in Agriculture*, 2005, 47(3): 167 – 184.

[41] Constance V H, Jean M F, Diane P. *Creating value with innovation: From centre of expertise to the forest products industry*[J]. *Forest Policy and Economics*, 2006, 8(7): 751 – 761.

[42] Cordeiro J, Sarkis J. *Environmental proactism and firm performance: evidence fromsecurity analyst forecasts* [J]. *Business Strategy and Environment*, 1997, 6(2): 104–114.

[43] Devaraj S, Krajewski L, Wei J C. *Impact of eBusiness technologies on operational performance: The role of production information integration in the supply chain* [J]. *Journal of Operations Management*, 2007, 25(6): 1199–1216.

[44] Disney S M, Towill D R. *Variance amplification and the golden ratio in production and inventory control*[J]. *International Journal of Production Economics*, 2004, 90(3): 295–309.

[45] Drolet S, LeBel L. *Forest harvesting entrepreneurs, perception of their business status and its influence on performance evaluation*[J]. *Forest Policy and Economics*, 2010, 12(4): 287–298.

[46] Drzymalski J, Odrey N G. *Supervisory control of a multi-echelon supply chain: A modular Petri net approach for inter-organizational control* [J]. *Robotics and Computer-Integrated Manufacturing*, 2008, 24(6): 728–734.

[47] Ellinger A E. *Improving marketing/logistics cross-functional collaboration in the supply chain*[J]. *Industrial Marketing Management*, 2000, 29: 85–96.

[48] Eynan A, Dean H K. *Effet alive and simple EOQ-like solutions for stochastic demand periodic review systems*[J]. *European Journal of Operational Research*, 2007, 180(3): 1135–1143.

[49] Ferbar L, Čreslovnik D, Mojškerc B, et al. *Martin Rajgelj Demand forecasting methods in a supply chain: Smoothing and denoising*[J]. *International Journal of Production Economics*, 2009, 118(1): 49–54.

[50] Fleischmann M, Roelof Kuik. *On optimal inventory control with independent stochastic item returns*[J]. *European Journal of Operational Research*, 2003, 151(1): 25–37.

[51] Forget P, Amours S D, Frayret J M. *Multi-behavior agent model for planning in supply chains: An application to the lumber industry*[J]. *Robotics and Computer-Integrated Manufacturing*, 24, 2008, 24(5): 664–679.

[52] Frisk M, Göthe-Lundgren M, Jörnsten K, et al. *Cost allocation in collaborative forest transportation original research article*[J]. *European Journal of Operational Research*, 2010, 205(2): 448-458.

[53] Fu Y H, Piplani R. *Supply-side collabo ration and its value in supply chains*[J]. *European Journal of Operational Research*, 2004, 152: 281-288.

[54] Fudenberg D, L evine D K. *Theory of Learning in Games*[Z]. 1998.

[55] Gan X, Sethi S P, Zhou J. *Commitment-penalty contracts in drop-shipping supply chains with asymmetric demand information*[J]. *European Journal of Operational Research*, 2010, 204(3): 449-462.

[56] Goh M, Lim J Y S, Meng F. *A stochastic model for risk management in global supply chain networks*[J]. *European Journal of Operational Research*, 2007, 182(1): 164-173.

[57] Gronalt M, Rauch P. *Designing a regional forest fuel supply network*[J]. *Biomass and Bioenergy*, 2007, 31(6): 393-402.

[58] Grubbström R W. *The Newsboy problem when customer demand is a compound renewal process*[J]. *European Journal of Operational Research*, 2010, 203(1): 134-142.

[59] Gunasekaran A, Ngai E W T. *Modeling and analysis of build-to-order supply chains*[J]. *European Journal of Operational Research*, 2009, 195(2): 319-334.

[60] Gunasekaran A, Patel C, Ronald E M. *A framework for supply chain performance measurement*[J]. *International Journal of Production Economics*, 2004, 87(3): 333-347.

[61] Gunnarsson H, Rönnqvist M, Lundgre J T. *Supply chain modeling of forest fuel*[J]. *European Journal of Operational Research*, 2004, 158(1): 103-123.

[62] Gunnarsson H, Rönnqvist M. *Solving a multi-period supply chain problem for a pulp company using heuristics-An application to Södra Cell AB*[J]. *International Journal of Production Economics*, 2008, 116(1): 75-94.

[63] GürlerÜ, Y'lmaz A. *Inventory and coordination issues with two substitutable products*[J]. *Applied Mathematical Modelling*, 2010, 34(3): 539-551.

[64] Gutiérrez P A, López G F, Peña B J M, et al. *Logistic regression product-unit neural networks for mapping Ridolfia segetum infestations in sunflower crop using multitemporal remote sensed data*[J]. *Computers and Elet alronics in Agriculture*, 2008, 64(2): 293 - 306.

[65] Hallikas J, Karvonen I, Pulkkinen U, et al. *Risk management processes in supplier networks*[J]. *International Journal of Production Economics*, 2004, 90(1): 47 - 58.

[66] Harsanyi J. *Oddness of the number of equilibrium points: a new proof*[J]. *International Journal of Game Theory*, 1973, 2: 235 - 250.

[67] Helo P T. *Dynamic modeling of surge effect and capacity limitation in supply chains*[J]. *INT. J. PROD. RES*, 2000, 38 (17): 4521 - 4533.

[68] Hemmelmayr V, Doerner K F, Hartl R F, et al. *Savelsbergh Vendor managed inventory for environments with stochastic product usage*[J]. *European Journal of Operational Research*, 2010, 202(3): 686 - 695.

[69] Hsu P H, Wee H M, Teng H M. *Optimal ordering decision for deteriorating items with expiration date and uncertain lead time*[J]. *Computers & Industrial Engineering*, 2007, 52(4): 448 - 458.

[70] Hull B. *The role of elasticity in supply chain performance*[J]. *International Journal of Production Economics*, 2005, 98(3): 301 - 314.

[71] Iijima M, Komatsu S, Katoh S. *Hybrid just-in-time logistics systems and information networks for effet alive management in perishable food industries*[J]. *International Journal of Production Economics*, 1996, 44(1 - 2): 97 - 103.

[72] Ilias S K. *Estimating the optimal order quantity and the maximum expet aled profit for single-period inventory decisions*[J]. *Omega*, 2010, 38(3 - 4): 218 - 227.

[73] Jain V, Benyoucef L, Deshmukh S G. *A new approach for evaluating agility in supply chains using Fuzzy Association Rules Mining*[J]. *Engineering Applications of Artificial Intelligence*, 2008, 21(3): 367 - 385.

[74] Jensen A. *Valuation of non-timber forest products value chains*[J]. *Forest Policy and Economics*, 2009, 11(1): 34 - 41.

[75] Johnson M E. *Product design collaboration* [J]. *Ascet* , 2002, 6 (4).

[76] Jones P C, Ohlmann J W. *Long-range timber supply planning for a vertically integrated paper mill*[J]. *European Journal of Operational Research*, 2008, 191(2): 558 - 571.

[77] Josa A, Aguado A, Cardim A, et al. *Comparative analysis of the life cycle impact assessment of available cement inventories in the EU*[J]. *Cement and Concrete Research*, 2007, 37(5): 781 - 788.

[78] Ketzenberg M. *The value of information in a capacitated closed loop supply chain*[J]. *European Journal of Operational Research*, 2009, 198(2): 491 - 503.

[79] Kilchling P, Hansmann R, Seeland K. *Demand for non-timber forest products: Surveys of urban consumers and sellers in Switzerland*[J]. *Forest Policy and Economics*, 2009, 11(4): 294 - 300.

[80] Kim B. *Dynamic outsourcing to contract manufacturers with different capabilities of reducing the supply cost*[J]. *International Journal of Production Economics*, 2003, 86(1): 63-80.

[81] Korpela J, Lehmusvaara A, Nisonen J. *Warehouse operator selet alion by combining AHP and DEA methodologies*[J]. *International Journal of Production Economics*, 2007, 108(1 - 2): 135 - 142.

[82] Kull T, Closs D. *The risk of second-tier supplier failures in serial supply chains: Implications for order policies and distributor autonomy*[J]. *European Journal of Operational Research*, 2008, 186(3): 1158 - 1174.

[83] Lai K, Ngai E W T, Cheng T C E. *Measures for evaluating supply chain performance in transport logistics*[J]. *Transportation Research Part E: Logistics and Transportation Review*, 2002, 38(6): 439 - 456.

[84] Laínez J M, Reklaitis G V, Puigjaner L. *Managing financial risk in the coordination of supply chain and product development decisions*[J]. *Computer Aided Chemical Engineering*, 2009(26): 1027 - 1032.

[85] Lee C H. *Coordination on stocking and progressive pricing policies for a supply chain*[J]. *International Journal of Production Economics*, 2007, 106(1): 307 - 319.

[86] Lee D H, Dong M. *Dynamic network design for reverse logistics operations under uncertainty* [J]. *Transportation Research Part E: Logistics and Transportation Review*, 2009, 45(1): 61-71.

[87] Lee J Y. *An incentive contract for leadtime reduction in an* (*S*-1, *S*) *inventory system*[J]. *Computers & Operations Research*, 2006, 36(5): 1633-1638.

[88] Leng M, Zhu A. *Side-payment contracts in two-person nonzero-sum supply chain games: Review, discussion and applications*[J]. *European Journal of Operational Research*, 2009, 196(2): 600-618.

[89] Lin J, Lin T. *Object-oriented conceptual modeling for commitment-based collaboration managementin virtual enterprises* [J]. *Information and Software Technology*, 2004, 46: 209-217.

[90] Mahapatra A K, Tewari D D. *Importance of non-timber forest products in the economic valuation of dry deciduous forests of India*[J]. *Forest Policy and Economics*, 2005, 7(3): 455-467.

[91] Manthou V, Vlachopoulou M, Folinas D. *Virtuale-Chain*(*VeC*) *model for supply chain collaboration*[J]. *Int. J. P roduction Economics*, 2004, 87: 241-250.

[92] Manuel R G, Carmen G F, Douglas S, et al. *Compatibility of timber and non-timber forest product management in natural tropical forests: Perspet a-lives, challenges, and opportunities*[J]. *Forest Ecology and Management*, 2010, 259(3): 237-245.

[93] Maskell B H. *Performance measurement for world class manufacturing*[D]. *Cambridge University*, 1991.

[94] McIvor R, Humphreys P, McCurry L. *Electronic commerce: supporting collaboration in the supply chain* [J]. *Journal of Materials Processing Technology*, 2003, 139: 147-152.

[95] Mele F D, Bagajewicz M, Espuña A, et al. *Financial risk control in a discrete event supply chain* [J]. *Computer Aided Chemical Engineering*, 2003(14): 479-484.

[96] Michael J B, Nallan C S. *The organizational antecedents of a firm's supply chain agility for risk mitigation and response* [J]. *Journal of Operations Management*, 2009, 27(2): 119-140.

[97] Miranda P A, Garrido R A. *Inventory service-level optimization within distribution network design problem*[J]. *International Journal of Production Economics*, 2009, 122(1): 276-285.

[98] Möller B, Nielsen P S. *Analysing transport costs of Danish forest wood chip resources by means of continuous cost surfaces*[J]. *Biomass and Bioenergy*, 2007, 31(5): 291-298.

[99] Monthatipkul C, Yenradee P. *Inventory/distribution control system in a one-warehouse/multi-retailer supply chain*[J]. *International Journal of Production Economics*, 2008, 114(1): 119-133.

[100] Olvera C M. *Entropy as an assessment tool of supply chain information sharing*[J]. *European Journal of Operational Research*, 2008, 185(1): 405-417.

[101] Ouhimmou M, Amours S D, Beauregard R, et al. *Furniture supply chain tactical planning optimization using a time decomposition approach*[J]. *European Journal of Operational Research*, 2008, 189(3): 952-970.

[102] Ouyang L Y, Chia H H, Chia H S. *An optimization approach for joint pricing and ordering problem in an integrated inventory system with order-size dependent trade credit* [J]. *Computers & Industrial Engineering*, 2009, 57(3): 920-930.

[103] Ouyang L Y, Ho C H, Su C H. *An optimization approach for joint pricing and ordering problem in an integrated inventory system with order-size dependent trade credit*[J]. *Computers & Industrial Engineering*, 2009, 57(3): 920-930.

[104] Parrod N, Thierry C, Fargier H. *Cooperative subcontracting relationship within a projet al supply chain: A simulation approach* [J]. *Simulation Modelling Practice and Theory*, 2007, 15(2): 137-152.

[105] Persson F, Araldi M. *The development of a dynamic supply chain analysis tool-Integration of SCOR and discrete event simulation*[J]. *International Journal of Production Economics*, 2009, 121(2): 574-583.

[106] Petrson K, Cecere L. *Supply collaboration is a reality-but proceed with caution* [J]. *ASCET*, 2001, 6(3).

[107] Prater E, Bieh M, Smith M A. *International supply chain agility, tradeoffs between flexibility and uncertainty* [J]. *International Journal of Operations and Production Management*, 2001, 21(5-6): 823-839.

[108] Pujari N A, Trevor S H F H. *A continuous approximation procedure for determining inventory distribution schemas within supply chains* [J]. *European Journal of Operational Research*, 2008, 186(1): 405-422.

[109] Quinn F. *Collaboration: more than just technology* [J]. *ASCET*, 2001, 6(3).

[110] Rabelo L, Eskandari H, Shaalan T, et al. *Value chain analysis using hybrid simulation and AHP* [J]. *International Journal of Production Economics*, 2007, 105(2): 536-547.

[111] Rodríguez M A, Vecchietti A. *Integrating Purchase Contract Decisions with Inventory Management Optimization in the Supply Chain* [J]. *Computer Aided Chemical Engineering*, 2009, 27: 315-320.

[112] Ryu S J, Tsukishima T, Onari H. *A study on evaluation of demand information-sharing methods in supply chain* [J]. *International Journal of Production Economics*, 2009, 120(1): 162-175.

[113] Sabri E H, Beamon B M. *Amulti-objective approach to simultaneous strategic and operational planning in supply chain design* [J]. *International Journal of Management Science*, 2000, 28(6)581-598.

[114] Sarana M, Mason R J. *The alignment of collaboration and the importance of integrated performance measurement* [J]. *Intelligent Production Machines and Systems*, 2006(6): 45-51.

[115] Schnetzler M J, Sennheiser A, Schönsleben P. *A decomposition-based approach for the development of a supply chain strategy* [J]. *International Journal of Production Economics*, 2007, 105(1): 21-42.

[116] Schoenherr T, Tummala V M R, Harrison T P. *Assessing supply chain risks with the analytic hierarchy process: Providing decision support for the offshoring decision by a US manufacturing company* [J]. *Journal of Purchasing and Supply Management*, 2008, 14(2): 100-111.

[117] Sharma S, Agrawal N. *Selet alion of a pull production control policy under different demand situations for a manufacturing system by AHP-algorithm* [J]. *Computers & Operations Research*, 2009, 36(5): 1622-1632.

[118] Stauffer D. *Supply chain risk: deal with it*[R]. *Harvard Business School*, 2003-4-28.

[119] Stromman A H, Peters G P, Edgar G Hertwich. *Approaches to corretal for double counting in tiered hybrid life cycle inventories*[J]. *Journal of Cleaner Production*, 2009, 17(2): 248-254.

[120] Sucky E. *The bullwhip effet al in supply chains-An overestimated problem* [J]. *International Journal of Production Economics*, 2009, 118(1): 311-322.

[121] Syntetos A A, Nikolopoulos K, Boylan J E, et al. *The effet als of integrating management judgement into intermittent demand forecasts*[J]. *International Journal of Production Economics*, 2009, 118(1): 72-81.

[122] Tang C S, Yin R. *Responsive pricing under supply uncertainty*[J]. *European Journal of Operational Research*, 2007, 182(1): 239-255.

[123] Tang C S. *Perspet alives in supply chain risk management*[J]. *International Journal of Production Economics*, 2006, 103(2): 451-488.

[124] Thonemann U W. *Improving supply-chain performance by sharing advance demand information* [J]. *European Journal of Operational Research*, 2002, (142): 81-107.

[125] Trkman P, McCormack K. *Supply chain risk in turbulent environments-A conceptual model for managing supply chain network risk*[J]. *International Journal of Production Economics*, 2009, 119(2): 247-258.

[126] Troncoso J J, Garrido R A. *Forestry production and logistics planning: an analysis using mixed-integer programming*[J]. *Forest Policy and Economics*, 2005, 7(4): 625-633.

[127] Van E M J G. *Multi-item inventory systems with joint ordering and transportation decisions* [J]. *International Journal of Production Economics*, 1994, 35(1-3): 285-292.

[128] Walker H, Sisto L D, McBain D. *Drivers and barriers to environmental supply chain management practices: Lessons from the public and private set alors* [J]. *Journal of Purchasing and Supply Management*, 2008, 14(1): 69-85.

[129] Wang B, He S. *Robust Optimization Model and Algorithm for Logistics Center Location and Allocation under Uncertain Environment*[J]. *Journal of Transportation Systems Engineering and Information Technology*, 2009, 9(2): 69-74.

[130] Wang C I. *The application of third party logistics to implement the Just-In-Time system with minimum cost under a global environment*[J]. *Expert Systems with Applications*, 2010, 37(3): 2117-2123.

[131] Wang Y, Zipkin P. *Agents′ incentives under buy-back contracts in a two-stage supply chain*[J]. *International Journal of Production Economics*, 2009, 120(2): 525-539.

[132] Warburton R D H, Disney S M. *Order and inventory variance amplification: The equivalence of discrete and continuous time analyses*[J]. *International Journal of Production Economics*, 2007, 110(1-2): 128-137.

[133] Weatherford L R, Kimes S E. *A comparison of forecasting methods for hotel revenue management*[J]. *International Journal of Forecasting*, 2003, 19(3): 401-415.

[134] Wright D, Yuan X. *Mitigating the bullwhip effetal by ordering policies and forecasting methods*[J]. *International Journal of Production Economics*, 2008(113): 587-597.

[135] Wu D, Olson D L. *Supply chain risk, simulation, and vendor seletalion*[J]. *International Journal of Production Economics*, 2008, 114(2): 646-655.

[136] Wu D. *Supplier seletalion: A hybrid model using DEA, decision tree and neural network*[J]. *Expert Systems with Applications*, 2009, 36(5): 9105-9112.

[137] Wu X, Zhong X, Song S. *Study on risk analysis of supply chain enterprises*[J]. *Journal of Systems Engineering and Elet alronics*, 2006, 17(4): 781-787.

[138] Xiao R, Cai Z, Zhang X. *An optimization approach to cycle quality network chain based on improved SCOR model*[J]. *Progress in Natural Science*, 2009, 19(7): 881-890.

[139] Xiao T, Yang D. *Price and service competition of supply chains with risk-averse retailers under demand uncertainty*[J]. *International Journal of Production Economics*, 2008, 114(1): 187-200.

[140] Xiao T, Yang D. *Risk sharing and information revelation mechanism of a one-manufacturer and one-retailer supply chain facing an integrated competitor*[J]. *European Journal of Operational Research*, 2009, 196(3): 1076-1085.

[141] Xu J, Liu Y. *Multi-object alive decision making model under fuzzy random environment and its application to inventory problems*[J]. *Information Sciences*, 2008, 178(14): 2899-2914.

[142] Xu J, Li B, Wu D. *Rough data envelopment analysis and its application to supply chain performance evaluation*[J]. *International Journal of Production Economics*, 2009, 122(2): 628-638.

[143] Yang X, Skidmore A K, Melick D R, et al. *Mapping non-wood forest product (matsutake mushrooms) using logistic regression and a GIS expert system*[J]. *Ecological Modelling*, 2006, 198(1-2): 208-218.

[144] Yao D Q, Yue X, Liu J. *Vertical cost information sharing in a supply chain with value-adding retailers*[J]. *Omega*, 2008, 36(5): 838-851.

[145] You F, Grossmann I E. *Optimal Design of Large-Scale Supply Chain with Multi-Echelon Inventory and Risk Pooling under Demand Uncertainty*[J]. *Computer Aided Chemical Engineering*, 2009(26): 991-996.

[146] Yue X, Liu J. *Demand forecast sharing in a dual-channel supply chain*[J]. *European Journal of Operational Research*, 2006, 174(1): 646-667.

[147] Zimmer K. *Supply chain coordination with uncertain just-in-time delivery*[J]. *Production Economics*, 2002, 77: 1-15.

[148] 蔡连侨，陈剑，严厚民．可替代产品的库存模型研究：最优订货量[J]．系统工程理论与实践，2003(6)：63-68.

[149] 曹健，张审生．协同产品开发中的的协商方法研究[J]．计算机集成制造系统，2001，7(6)：30-34.

[150] 曹庆奎，杨艳丽，于瑞龙．供应链独立需求库存量预测[J]．统计与决策，2007(2)：140-142.

[151] 陈彩虹，郑贵军，邓德胜. 营销预警系统在林产品物流中的应用[J]. 经济问题，2007(5)：31-33.

[152] 陈长彬，缪立新. 共享库存信息下的供应链契约设计[J]. 统计与决策，2009(13)：45-50.

[153] 陈国庆，黄培清. 供应链中的信息共享与激励机制[J]. 上海交通大学学报，2007，41(12)：2032-2037.

[154] 程晓华. 程晓华先生谈制造业库存问题[M]. 电子版(交流资料)，2006：12.

[155] 但斌，张旭梅. 面向供应链的合作计划、预测与补给 [J] . 工业工程，2000，3(1)：35-37，42.

[156] 丁斌，陈晓剑. 客户服务型供应链生产计划体系[J]. 系统工程，2005，23(10)：58-62.

[157] 董进，柴跃廷，任守榘. 基于多代理协调企业敏捷供应链管理模型[J]. 计算机集成制造系统——CIMS，2000，6(1)：40-44.

[158] 董绍辉，西宝，田丽娜. 供应链信息共享中信息泄露的产生机理及防范措施研究[J]. 软科学，2009，23(5)：56-59.

[159] 杜义飞，蒋国俊，李仕明. 双向动态博弈下中间产品价格范围的确定[J]. 预测，2005，24(1)：68-71.

[160] 段宁. 物质代谢与循环经济[J]. 中国环境科学，2005，25(3)：320-323.

[161] 封云. 基于系统动力学供应链牛鞭效应问题讨论[J]. 中国农机化，2009(4)：69-73.

[162] 冯仁德. 企业战略联盟下的供应链创新管理[J]. 经济问题，2006(7)：31-32.

[163] 高峻峻，胡乐江. 模糊环境下分销系统的库存决策问题研究[J]. 系统工程学报，2007，22(4)：407-411.

[164] 高萍，黄培清，张存禄. 基于 SCOR 模型的供应链绩效评价与衡量指标选取[J]. 工业工程与管理，2004(3)：49-52.

[165] 耿殿明，傅克俊，宋华岭. 大型企业集团供应链风险的识别与防范[J]. 企业经济，2009(7)：29-32.

[166] 龚峻峰，余志，何兆成．一种基于路段惩罚法的合理路径集生成算法[J]．公路交通科技，2009，26(9)：107-111.

[167] 顾小林．供应链管理应用 SOA 的绩效测评方法研究[J]．生产力研究，2009(15)：144-146.

[168] 何忠伟，毛波．基于 DEA 和聚类分析的供应链绩效评价基准选择[J]．科学学与科学技术管理，2003(6)：36-39.

[169] 贺业方，朱兵，覃伟中．生物质能源林基地中原料供应模式选择的理论分析[J]．林业经济问题，2009，29(5)：382-386.

[170] 侯占勇，鲁法典，赵贝贝．山东省非木材林产品调查与分析[J]．山东农业大学学报，2009(1)：23-27.

[171] 胡朝晖，刘大成，骆武伟．需求确定的分销供应链系统多级库存优化研究[J]．商业研究，2006(1)：28-31.

[172] 胡劲松，闰伟．资金约束模糊报童问题 Stackelberg 均衡策略[J]．系统工程学报，2008，23(6)：696-701.

[173] 胡晓燕．基于供应链绩效评定的物流成本评价体系研究[J]．武汉理工大学学报，2003，27(5)：687-693.

[174] 黄宝凤，仲伟俊，胡玉峰．市场需求非平稳时共享销售商促销信息的价值[J]．东南大学学报(自然科学版)，2006，36(6)：1049-1053.

[175] 黄河，徐鸿雁，但斌．基于等量订货的可替代易变质产品库存策略研究[J]．数学的实践与认识，2007，37(17)：30-35.

[176] 黄俊诚，杨保利．契约激励与供应链协调[J]．商场现代化，2006(11)：7-8.

[177] 黄祖庆，达庆利，王冬冬．逆向物流具有时滞的一个 EOQ 扩展订货模型物流技术[J]．2004(5)：82-84.

[178] 霍佳震，马秀波．基于流程的供应链绩效评价[J]．商业研究，2005(5)：1-4.

[179] 江孝感，陈丰琳，王凤．基于供应链网络的风险分析与评估方法[J]．东南大学学报(自然科学版)，2007，37(增刊Ⅱ)：355-360.

[180] 姜方桃．集成化供应链整体绩效评价的层次分析法[J]．商场现代化，2006(7)：124-126.

[181] 蒋昌华．我国林业产业链上利益非均衡性与协调机制探讨[J]．农村经济，2009(11)：92－95.

[182] 蒋敏，孟志青，周根贵．供应链中多产品组合采购与库存问题的条件风险决策模型[J]．系统工程理论与实践，2007(12)：29－35.

[183] 金汉信，彭纪生，霍焱．随机需求下基于企业社会责任的多准则供应链网络均衡模型研究[J]．软科学，2009，23(5)：121－126.

[184] 经怀明，刘林，刘心报．两阶段供应链中库存信息共享的价值测算及模拟分析[J]．合肥工业大学学报(自然科学版)，2005，28(8)：854－858.

[185] 赖茇宇，郑建国．供应链风险量化分析与优化控制[J]．东华大学学报(自然科学版)，2007，33(2)：158－162.

[186] 黎继子，马士华，李柏勋，等．集群式供应链跨链库存应急互补的仿真和优化[J]．系统工程与电子技术，2009，31(5)：1117－1123.

[187] 李柏勋，黎继子．集群式供应链多周期随机库存系统模型与仿真[J]．统计与决策，2007(2)：134－136.

[188] 李碧珍．产业融合：林业产业化转换的路径选择[J]．林业经济，2007(11)：59－62.

[189] 李怡．非木质林产品开发利用的历史沿革与趋势探析：四川省平武县的实证分析[J]．农村经济，2007(11)：94－97.

[190] 李泽彪，王正成，王正肖．基于事例推理的供应链风险管理系统研究[J]．组合机床与自动化加工技术，2006(4)：109－112.

[191] 梁海鹏，郭伟，马可．供应链管理中的风险评价研究[J]．生产力研究，2007(19)：132－133.

[192] 梁樑，王志强，余玉刚．协调战略和运作计划的 ATO 型供应链设计集成模型[J]．系统管理学报，2007，16(2)：144－149.

[193] 林琳，薛恒新，桂良军．最优需求预测下预测与处理过程中的牛鞭效应[J]．系统工程学报，2006，21(3)：266－272.

[194] 林略，郭仪．供应链分销系统中实施返利政策的探讨[J]．商业研究，2007(1)：25－26.

[195] 林雅惠，钟晓燕，钟聪儿．基于遗传算法的木材物流中心选址研究[J]．运筹与管理，2007(6)：51－56.

[196] 刘北林，陈娜．闭环供应链双源库存控制策略模型研究[J]．哈尔滨商业大学学报(自然科学版)，2006，22(1)：140－149.

[197] 刘俊娥，张洪亮，李少波．风险矩阵的供应链风险评价[J]．统计与决策，2007(4)：151－152.

[198] 刘玲丽．季节性产品供应链中的供需管理策略研究[J]．中国市场，2007(23)：66－67.

[199] 刘鹏飞，谢如鹤．相乘型需求下 VMI 供应链协调机制研究[J]．系统工程学报，2008，23(6)：708－712.

[200] 龙勤，孟利清．基于多 Agent 的林产品供应链管理框架构建[J]．中国市场，2007(2)：98－99.

[201] 龙勤．区域林产企业供应链管理与核心竞争力培育[J]．经济师，2007(6)：256－257.

[202] 娄平，陈幼平，周祖德．敏捷供应链中供应商选择的 AHP/ DEA 方法[J]．华中科技大学学报(自然科学版)，2002，30(4)：29－31.

[203] 罗玉霞，陈宏．不确定响应时间下的准时交货激励契约[J]．决策参考，2007(5)：48－49.

[204] 马丽娟．关于供应链绩效评价的探讨[J]．现代管理科学，2005(10)：44－45.

[205] 孟军，张若云．供应链柔性综合评价体系研究[J]．中国管理信息化(综合版)，2007，10 (9)：56－58.

[206] 孟利清，黄新．供应链管理在云南省林业产业开发中的应用初探[J]．森林工程，2005，21(4)：63－65.

[207] 倪跃，王小平，曹立明．基于 Agent 的第三方物流库存决策仿真[J]．计算机应用与软件，2007，24(2)：16－18.

[208] 聂兰顺，徐晓飞，战德臣．考虑运输成本的 JIT 采购模型及算法[J]．中国机械工程，2007，18(23)：2835－2839.

[209] 彭怡，朱金福．收益管理的供应链生产量决策分析[J]．企业经济，2006(2)：55－56.

[210] 彭志忠．供应链需求预测中的神经网络预测技术应用分析[J]．中国流通经济，2007(12)：15－17.

[211] 綦方中，钟凌燕，潘晓弘．敏捷供应链绩效评价过程与方法研究[J]．计算机集成制造系统，2006，12(9)：1472－1476.

[212] 邵兵家，陈娟娟，汪成亮．基于模糊认知图的电子商务供应链绩效评价模型[J]．科技进步与对策，2006(1)：132－134.

[213] 申悦，于瑞峰，刘丽文．零售商 Bertrand 竞争下的供应链成本信息共享价值[J]．清华大学学报(自然科学版)，2005，45(11)：1581－1584.

[214] 沈艳华，赵振宁．供应链中第三方物流协调研究[J]．学术交流，2006，144(3)：108－111.

[215] 宋华明，马士华．考虑订货时间影响的扩展供应链收入共享契约[J]．系统工程，2005，23(9)：59－63.

[216] 宋迎春，梁军．自营物流与第三方物流——企业的物流策略选择分析[J]．商业研究，2004(3)：171－173.

[217] 谭春平，王烨．基于第四方物流的供应链集成管理模式构建[J]．财会月刊，2009(8)：105－107.

[218] 汤世强．供应链合作伙伴绩效评价研究[J]．商业研究，2007(12)：66－70.

[219] 唐加福，董颖，潘震东．租赁车辆运输外包模式下多次直接运输策略的集成库存运输计划[J]．计算机集成制造系统，2007，13(6)：1158－1164.

[220] 唐亮，宿崇，梁爽．网络化制造环境下的供应链收入共享契约研究[J]．系统仿真学报，2009，21(17)：5503－5506.

[221] 滕春贤，潘晓东．供应链网络均衡中的利润协调问题[J]．哈尔滨工程大学学报，2007，28(7)：818－821.

[222] 佟斌，郭琼，潘新．基于需求预测的供应链期权式契约协调[J]．系统工程，2006，24(11)：13－18.

[223] 王建华，李南，徐斌．需求预测对两级供应链绩效的影响分析[J]．商业研究，2007(12)：48－51.

[224] 王晶，李伊岚，孙海燕．供应链信息管理研究现状及展望[J]．管理学报，2007，4(2)：235－242(a).

[225] 王晶，李宇翔，王寻．供应链需求信息的信息增量与信息价值[J]．北京航空航天大学学报，2007，33(12)：1452－1456(b).

[226] 王涛．生态能源林未来生物质燃料油原料基地[J]．绿色中国，2007(5)：30－33.

[227] 王晓松，吴燕．信息时代下我国林产品物流问题初探[J]．林业经济问题，2006，26(6)：553－557.

[228] 王雪峰，孙小明，杨芳．连锁零售企业物流配送系统联合决策模型研究[J]．系统工程学报，2008，23(5)：539－546.

[229] 王永富．广西林业产品物流问题及对策研究[J]．中国市场，2008(45)：94－95.

[230] 王志强，梁樑，魏纪泳．ATO 型供应链生产规划与库存协调集成决策经济模型[J]．系统工程理论与实践，2005(7)：17－25.

[231] 文风，黄杰．供应链环境下的精益生产方式研究[J]．科技进步与对策，2007，24(7)：21－23.

[232] 吴凯，张莉．供应链中的逆向物流管理[J]．中国市场，2007(32)：76－77.

[233] 吴伟容，李思思．循环经济下 EVA 评价法在企业业绩评价中的应用研究[J]．商业会计，2009(17)：59－60.

[234] 奚飞，马成，周永务．基于不同订货周期策略的库存路径问题研究[J]．合肥工业大学学报(自然科学版)，2009，32(6)：931－936.

[235] 席元凯，吴旻．随机需求下的供应链库存控制策略研究[J]．计算机应用研究，2009，26(11)：4221－4222.

[236] 肖怀云．浅谈供应链合作风险的防范[J]．商场现代化，2006(10)：13－14.

[237] 谢翠华，仲伟俊，张玉林．私有信息保护的多零售商联合订货研究[J]．统计与决策，2009(12)：47－50.

[238] 徐春迎，阮文彪．供应链不确定性与安全库存研究[J]．商业研究，2005(13)：65－67.

[239] 徐浩鸣，康姝丽，徐建中．面向客户的中国企业供应链纵向协同研究[J]．工业技术经济，2003，127(3)：67－72.

[240] 徐麟文．集成化供应链绩效评价[J]．商业研究，2004(4)：49－51.

[241] 徐贤浩，聂思玥．零售商主导的短生命周期产品供应链订货策略[J]．管理科学学报，2009，12(4)：83－93.

[242] 薛伟霞，孙见荆．基于模糊理论的供应网络风险评估[J]．厦门大学学报(自然科学版)，2006，45(增刊)：312－316.

[243] 杨柏．基于平衡记分卡的汽车企业动态联盟供应链绩效评价研究[J]．管理世界，2007(8)：161－162.

[244] 杨玮龙，杨琦龙．基于支持向量回归的供应链管理绩效评价研究[J]．价值工程，2006(9)：44－47.

[245] 姚建明，蒲云，周国华．多品种供应的多供应商选择模型及分解算法[J]．西南交通大学学报，2005，40(4)：519－524.

[246] 叶飞，徐学军．供应链伙伴关系间信任与关系承诺对信息共享与运营绩效的影响[J]．系统工程理论与实践，2009，29(8)：36－49.

[247] 叶谋田，杨荣彦．基于价值链会计的财务风险识别与控制[J]．财会通讯(理财版)，2006(11)：64－65.

[248] 易东波．面向随机需求的两级库存协同控制建模分析[J]．南昌水专学报，2003，4：34－37.

[249] 殷春武，王秋萍，吴健祥．模糊群决策在物流选址中的运用[J]．商场现代化，2008(1)：30－31.

[250] 尹建华，徐二朋，王兆华．基于模糊评价法的产业集群风险研究[J]．科技进步与对策，2009，26(12)：122－125.

[251] 尹秋菊，颜志军．敏捷供应链中信息传递机制的博弈分析[J]．科技进步与对策，2006(12)：111－112.

[252] 于海斌，朱云龙．协同制造[M]．北京：清华大学出版社，2004.

[253] 于金伟．浅析供应链的潜在失效模式及后果分析[J]．商场现代化，2007(4)：129.

[254] 喻伟，周国华．基于平衡记分卡的供应链绩效评价[J]．铁道运输与经济，2007，29(1)：53－55.

[255] 袁原．供应链管理绩效评价指标体系研究[J]．现代商业，2010(20)：101.

[256] 张成考，聂茂林．基于模糊物元模型的生态供应链绩效评价[J]．科技进步与对策，2007，24(11)：76－78.

[257] 张翠华，任金玉，于海斌．供应链协同管理的研究进展[J]．系统工程，2005，23(4)：1－6.

[258] 张翠华，周红，赵淼．供应链协同绩效评价及其应用[J]．东北大学学报(自然科学版)，2006，27(6)：706－708.

[259] 张浩．林业产业集聚与林业物流发展策略的探讨[J]．物流技术，2009(9)：25－27.

[260] 张浩．采购管理与库存控制[M]．北京大学出版社，2010.

[261] 张浩．林业供应链管理研究评述[J]．林业经济问题，2010(5)：452－457.

[262] 张浩，高朝晖．基于汽车故障统计分析的备件需求预测[J]．煤炭技术，2010(12)：243－24.

[263] 张浩，高朝晖．基于汽车故障规律的备件需求分析[J]．统计与决策，2009(12)：168－170.

[264] 张浩，智勇．ASP 模式下信息化中的动态多目标博弈研究[J]．中国管理信息化，2008(8)：85－88.

[265] 张浩．资源共享型汽车备件管理模式[J]．物流技术，2008(9)：58－59.

[266] 张浩．ASP 模式下按行业和层次整合的物流系统[J]．科技创新导报，2007(12)：1－2.

[267] 张钦红，骆建文．不对称信息下易腐物品供应链最优数量折扣合同研究[J]．系统工程理论与实践，2007(12)：23－28.

[268] 张茹秀，徐天芳．价格折扣 P 运输折扣的库存——运输联合优化模型[J]．大连海事大学学报，2005，31(3)：41－44.

[269] 张文静，王海燕．Bowman 库存策略下的供应链稳定性及需求放大分析[J]．东南大学学报(自然科学版)，2007，37(增刊)：293－298.

[270] 张智光，杨加猛，谢煜．决策科学与艺术[M]．北京：科学出版社，2006.

[271] 张智光，竺杏月．森林资源－环境－经济复合大系统可持续发展优化模型及其应用[J]．中国人口、资源与环境，2006，16(6)：85－89.

[272] 张智光．江苏省林业产业结构调整的战略体系研究[J]．林业科学，2004，40(5)：197－204.

[273] 张智光．林业管理的新动态：林业绿色供应链[J]．林业经济，2008(12)：57－62.

[274] 张智光．林纸一体化绿色供应链系统的结构与特性分析[J]．南京林业大学学报，2009(4)：69－75.

[275] 张智光，杨加猛，谢煜．中国林纸一体化进程：实施、研究与政策[J]．中国造纸学报，2010，25(3)：64－72.

[276] 张智光．多视角下的林纸一体化体系结构研究[J]．中国造纸，2008，27(1)：67－71.

[277] 张智光．我国人造景观的问题与对策：基于决策科学视角的思考[J]．北京林业大学学报(社会科学版)，2006，5(3)：49－53.

[278] 张智光．决策机构的系统模型及其运行机理研究[J]．软科学，2006，20(4)：49－52.

[279] 张智光．决策的科学性与艺术性：基于决策科学体系的分析[J]．东南大学学报(哲学社会科学版)，2006，8(3)：19－23.

[280] 张智光，施季森，赵志强．江苏杨树资源及其产业经济可持续发展方案制定[J]．绿色中国(理论版)，2005，(9)：61－63.

[281] 张智光，施季森，赵志强．江苏杨树资源及其产业经济可持续发展环境分析[J]．绿色中国(理论版)，2005，(6)：50－52.

[282] 张智光，王明庥，佘光辉．江苏杨树产业的战略思考(II)：战略措施与调控政策[J]．南京林业大学学报(人文社会科学版)，2005，5(3)：73－77.

[283] 张智光，王明庥，佘光辉．江苏杨树产业的战略思考(I)：现状与问题分析[J]．南京林业大学学报(人文社会科学版)，2005，5(1)：63－67.

[284] 张智光．我国林业产业现代化的战略体系研究[J]．林业经济问题，2005，25(1)：7－10，59.

[285] 张智光．江苏林业产业战略体系的系统分析[J]．绿色中国(理论版)，2004，(9月)：121－126.

[286] 张智光．江苏省林业产业结构调整的战略体系研究[J]．林业科学，2004，40(5)：197－204.

[287] 张智光．江苏林业产业发展的SWOT分析(II)：劣势与危机[J]．南京林业大学学报(人文社会科学版)，2004，4(1)：53－57.

[288] 张智光．江苏林业产业发展战略体系研究[J]．南京林业大学学报(自然科学版)，2004，28(2)：12－16.

[289] 张钟文，刘涛．供应链牛鞭效应的风险预测模型[J]．统计与决策，2009(19)：62－64.
[290] 赵道致，逄守杰．基于 DFSS 的供应链设计方法研究[J]．组合机床与自动化加工技术，2007(4)：104－109.
[291] 赵璟．云南贫困山区非木材林产品资源优势与发展途径[J]．浙江林学院学报，2009(1)：105－110.
[292] 郑国华，李艺，郭世明．线性回归预测模型在供应链牛鞭效应控制中的应用[J]．铁道科学与工程学报，2007，4(6)：88－92.
[293] 仲崇文．人工用材林的产业链化经营[J]．东北林业大学学报，2008(10)：59－62.
[294] 周汉麒，高杰．金融创新促进循环经济发展研究[J]．中国经贸导刊，2009(18)：39－40.
[295] 周宏春．低碳经济与循环经济的异同考量[J]．理论前沿，2009(20)：17－20.
[296] 周建频，杜文．供应链分销系统的自适应库存控制[J]．工业技术经济，2005，24 (5)：101－104.
[297] 周建频，张勤．基于概率转换规则的供应链自动协调[J]．西南交通大学学报，2009，44(4)：625－630.
[298] 周金宏，汪定伟．分布式多工厂、多分销商的供应链生产计划模型[J]．信息与控制，2001，30 (2)：169－172.
[299] 周小明，朱云龙，朱珠．多对一供应链零售商驱动型收入共享契约下的生产决策[J]．控制与决策，2009，24(9)：1361－1366.
[300] 周艳菊，邱莞华，王宗润．供应链风险管理研究进展的综述与分析[J]．系统工程，2006，24(3)：1－7.
[301] 周永务，杨善林．基于不对称需求信息的供应链协调定价[J]．系统工程学报，2006，21(6)：591－597.
[302] 朱雪珍．供应链下的动态供应商选择及应用[J]．学术交流，2007(7)：99－102.
[303] 朱永林，栗田奎．谈如何加强木材产品物流管理水平[J]．森林工程，2003，19(1)：23－24.